Am Anfang war das Wort, und das Wort reizte zur Parodie: Niemand hat in den vergangenen Jahrzehnten versierter und liebevoller Dichterstimmen imitiert als Robert Gernhardt. Seit Schülerzeiten treibt er spottenden Scherz mit klassischen und heutigen Autoren, indem er hohe Töne auf hohle Stellen abhört. Das Ergebnis dieser lebenslangen Recherche kann sich sehen lassen: Parodien, die nicht nur Spaß bereiten, sondern auch Lust machen, mal wieder zum Original zu greifen.

Erstmals hat Robert Gernhardt all jene Gedichte, Texte und Bildgeschichten versammelt und auf die Reihe gebracht, in denen er in fremden Zungen redet. Von Gott über Plato, Dante, Goethe, Busch, Hemingway, Brecht und Kästner bis hin zu Jandl und Enzensberger spannt sich der Bogen der Autoren, an denen Gernhardt seinen Schnabel wetzt: eine Hommage an die Weltliteratur und zugleich eine Demontage der vergnüglichsten Art.

Robert Gernhardt, 1937 geboren in Reval / Estland, studierte Malerei in Stuttgart und Berlin. Er lebt als freier Schriftsteller, Maler, Zeichner und Karikaturist in Frankfurt am Main. Als Fischer Taschenbuch sind von Robert Gernhardt außerdem erschienen: die Gedichtbände ›Wörtersee‹ (Bd. 13226), ›Besternte Ernte‹ (mit F. W. Bernstein, Bd. 13229), ›Körper in Cafés‹ (Bd. 13398), ›Weiche Ziele‹ (Bd. 12986), ›Lichte Gedichte‹ (Bd. 14108), das Lese- und Bilderbuch ›Über alles‹ (Bd. 12985), ›Die Wahrheit über Arnold Hau‹ (mit F. W. Bernstein und (mit F. K. Waechter, Bd. 13230), ›Die Blusen des Böhmen‹ (Bd. 13228), ›Glück Glanz Ruhm‹ (Bd. 13399), ›Es gibt kein richtiges Leben im valschen‹ (Bd. 12984) sowie ›Hört, hört! Das WimS-Vorlesebuch‹ (Bd. 13227). Zuletzt veröffentlichte Robert Gernhardt den Band ›Berliner Zehner‹ mit Hauptstadtgedichten, unter dem Titel ›Der letzte Zeichner‹ (Bd. 14987) Aufsätze zu Kunst und Kultur und im S. Fischer Verlag den Gedichtband ›Im Gleich und anderswo‹.

Robert Gernhardt

In Zungen reden
Stimmenimitationen
von Gott bis Jandl

Fischer Taschenbuch Verlag

Originalausgabe
Veröffentlicht im Fischer Taschenbuch Verlag,
ein Unternehmen der S. Fischer Verlag GmbH,
Frankfurt am Main, Oktober 2000

Für diese Ausgabe:
© Fischer Taschenbuch Verlag GmbH, Frankfurt am Main 2000
Druck und Bindung: Clausen & Bosse, Leck
Printed in Germany
ISBN 3-596-14759-X

3. Auflage: Juli 2002

I

Alte Zungen

Gott
Das Elfte Gebot

Als nun der HErr herabgefahren war auf den Feldberg, oben auf seinen Gipfel, berief er seinen Knecht Gernhardt hinauf auf den Gipfel des Berges, und Gernhardt stieg hinauf.

Da sprach der HErr: Ich bin der HErr, dein Gott, und habe seinerzeit vollkommen verschwitzt, meinem Knecht Moses das Elfte Gebot mitzugeben, als er vom Berge Sinai hinunter zum Volke stieg.

So nimm du es und geh hin und steig hinab und verkündige allem Volke das Elfte Gebot.

Und Gott redete nur diese Worte: »Du sollst nicht lärmen.«

Und Gernhardt tat wie ihm geheißen und stieg hinab und sprach also zum Volk: Dies sind die Lärmvorschriften, die der HErr euch auferlegt hat:

Gesetze über reine
und unreine Instrumente

Und der HErr redete mit Gernhardt und sprach zu ihm: Rede mit den Musikern und sprich: Das sind die Instrumente, die ihr spielen dürft in euren Wohnungen.

Alles, was Löcher hat oder Saiten unter den Instrumenten, das dürft ihr spielen, sofern ihr deutlich im Rahmen der Zimmerlautstärke bleibt.

Alle Instrumente aber, die geschlagen werden oder bei denen sich eure Backen blähen, oder solche mit elektrischen Verstärkern sollen euch unrein sein, und ihr sollt sie nicht spielen in euren Wohnungen.

Und diese sollt ihr verabscheuen unter den Instrumenten, daß

ihr sie nicht spielet in euren Wohnungen, denn ein Greuel sind
sie: das Waldhorn, der Brummbaß und die Quetschkommode.

Vergehen gegen Ohr und Seele

So du in geschlossenen Ortschaften dein Autoradio einschal-
test, so sollst du die Fenster und das Verdeck deines Wagens fest
verschlossen halten.

Parkt jemand seinen Wagen, so soll er den Motor im Leerlauf
nicht brummen lassen.

Ihr sollt nicht hupen.

Wer seinen Rasenmäher anwirft, der soll dies nur an Werktagen
zwischen elf und dreizehn Uhr tun. Und er soll danach unrein
sein bis an den Abend und weder eine Motorsäge anrühren
noch einen Elektrobohrer noch eine Häckselmaschine noch
einen Laubsauger noch alles, was Lärm macht.

Ihr sollt eure Bahnhöfe nicht mit Musik bedudeln. Unter Bahnhof aber verstehe ich jedwede Anlage zur Abwicklung des
Personen- und Güterverkehrs der Eisenbahn, an der Züge beginnen, enden, halten, sich kreuzen, sich überholen oder mit
Gleiswechsel wenden können.

Dasselbe soll gelten für U-Bahnhöfe, für S-Bahnhöfe sowie für
alle anderen Bahnhöfe, die Gleise haben. Die aber keine Gleise
haben, sind Bus-Bahnhöfe, und die sollen ebenfalls nicht bedudelt werden.

Bedudelt keine Flughäfen.

So jemand Tiere hält, welchen die Natur die Gabe verliehen hat
zu lärmen, so soll er sie so halten, daß sie keinen Grund haben
zu lärmen, oder so, daß ihr Lärmen nicht zu hören ist. Das gilt
für Hunde und alles Getier, das den Mond anbellt oder auf Er-
den winselt, sowie für Papageien und alles gefiederte Volk, das
da pfeift, wenn es tagt.

Ihr sollt die Hunde und die Papageien nicht bedrücken.

Wirst du sie bedrücken und werden sie zu mir schreien, so werde ich ihr Schreien erhören.

Dann wird mein Zorn entbrennen, daß ich euch züchtige, und ihr werdet um Gnade winseln und aus dem letzten Loch pfeifen.

Todeswürdiger Lärm

So ein Mann seinen fahrbaren Untersatz frisiert, auf daß der mehr Lärm mache, so ist er unrein.

Auch der Sattel, auf dem er reitet, wird unrein.

Und er und seine Maschine sollen dem Bann verfallen.

Fährt er aber fort, auf ihr herumzudüsen, so soll er des Todes sterben.

Die Motocrossfahrer sollst du nicht am Leben lassen.

So einer auf dem Wasser mit einem Motorfahrzeug herumdüst und es erhebt auch nur ein Gestörter seine Stimme und saget: Ruhe dahinten! so soll er sein Düsen unverzüglich und zu jeder Tageszeit einstellen.

In der Nachtzeit aber sollt ihr überhaupt nicht herumdüsen und schon gar nicht auf dem Wasser.

Auch sollt ihr nicht am Himmel herumdüsen, denn ein Greuel sind mir das Sportflugzeug, die Ultraleichtmaschine und der Hubschrauber.

Und ich will sie alle abstürzen lassen, sobald auch nur ein Gestörter ausruft: Ruhe da oben! und es kehrt keine Ruhe da oben ein.

Rettungshubschrauber aber will ich nicht abstürzen lassen.

Transportiert aber der Rettungshubschrauber jemanden, den ich habe abstürzen lassen, weil er gelärmt hat, so will ich auch den Rettungshubschrauber abstürzen lassen.

Von den Geräten

Und der HErr sprach mit Gernhardt und sprach also zu ihm: Rede mit deinen Leuten, aber schön ruhig, und sprich: Das sind die Gebote, die euch der HErr gibt für alles, was Knöpfe hat und Lärm erzeugt:

Ihr sollt bei der Aufstellung eurer Hi-Fi-Anlagen für eine gute Dämmung sorgen.

Ihr sollt nicht am Lautsprecher sparen, auf daß ihr eure Anlage schön leise stellen könnt.

Ihr sollt sie nie lauter aufdrehen, als ihr eure Stimme erheben könntet.

Ihr sollt keine Radios mit euch tragen, so ihr den Fuß aus dem Hause setzt.

Ihr sollt keinen Walkman in Bahnen und Zügen benutzen, denn siehe: Der Walkman ist ein Blendwerk des Satans, zu verwirren die Sinne des Menschen, auf daß er glaube, er könne seinen Kopf mit Musik vollknallen, ohne daß sein Nächster davon höre.

Ich aber sage euch: Und ob der was mithört!

Du sollst nicht tönen.

Macht euch nicht selbst zum Greuel an dem kleinen Gerät, das wummert, zirpt und dudelt, und macht euch nicht unrein an ihm, so daß ihr dadurch nicht unrein werdet.

Diese sollen euch in Bahnen und Bussen ebenfalls unrein sein unter den Piepsgeräten, welche Knöpfe haben und die man in die Tasche stecken kann: das Computerspiel, das Handy und der Laptop. Denn alles, was ihr Pieps beschallt, das wird unrein.

Und alles Gerät, das gepiepst hat, soll man ins Wasser tun, es ist unrein bis zum Abend und danach unbrauchbar. In euren Wohnungen aber sollen diese Geräte nicht unrein sein.

Ersatzleistungen

Entsteht durch Lärm ein dauernder Schaden, so sollst du geben Lärmen um Lärmen, Ohr um Ohr, Ton um Ton, Krach um Krach. Wer aber fortfährt zu lärmen, der soll des Todes sterben, und seine Lärmquelle soll man steinigen.

Das ist das Elfte Gebot, das der HErr dem Gernhardt gebot für alles Volk auf dem Feldberg.

Gottes Sohn
Ich sprach …

Ich sprach nachts: Es werde Licht!
Aber heller wurd' es nicht.

Ich sprach: Wasser werde Wein!
Doch das Wasser ließ dies sein.

Ich sprach: Lahmer, du kannst gehn!
Doch er blieb auf Krücken stehn.

Da ward auch dem Dümmsten klar,
daß ich nicht der Heiland war.

Plato/Sokrates

Als Plato den vorgeblichen Bericht des Aristodemos über das berühmte Gastmahl im Hause des erfolgreichen Jungdramatikers Agathon wiedergab, imitierte er die Zungen zahlreicher Festredner, darunter so prominente wie die des Aristophanes, die des Agathon und des Alkibiades. Den Höhepunkt aber bildet der Auftritt des Sokrates, der zweimal zu Wort kommt, im Dialog mit Agathon und als Lobredner des Eros.

Leider war es Plato nicht vergönnt, alle Erkenntnisse zu notieren, welche der verehrte Meister im Laufe der Nacht unter die Leute brachte, da sein Gewährsmann Aristodemos das Ende des Gastmahls schlicht verschlafen hatte:

Da erschien plötzlich eine große Schar von Nachtschwärmern an der Tür, und da gerade jemand hinausging, so fanden sie sie offen und stürmten nun gerades Weges herein zu uns und ließen sich nieder. So füllte sich denn alles mit Lärm, und ohne jede Ordnung ward man gezwungen, maßlos zu trinken. Eryximachos und Phaidros nebst einigen anderen – so erzählte Aristodemos – entfernten sich, ihn selbst aber habe der Schlaf überwältigt und lange auf dem Lager festgehalten, da die Nächte lang seien in jener Jahreszeit. Erst bei Tagesanbruch, als die Hähne krähten, sei er erwacht und habe bemerkt, daß die einen noch schliefen, die anderen sich entfernt hatten; nur Agathon, Aristophanes und Sokrates wären noch wach gewesen und hätten aus einer großen Schale getrunken, nach rechts herum. Sokrates aber habe sich mit ihnen unterhalten. Im übrigen, erklärte Aristodemos, entsinne er sich nicht mehr der Gespräche, denn den Anfang habe er nicht mitbekommen und sei zwischendurch auch eingenickt. Die Hauptsache sei jedoch die gewesen: Sokrates habe ihnen das Zugeständnis abgenötigt, ein

und derselbe Mann müsse fähig sein, eine Komödie und eine Tragödie zu dichten, und der kunstgerecht ausgebildete Tragödiendichter sei auch ein Komödiendichter. Während sie nun zu diesem Zugeständnis genötigt wurden, ohne recht zu folgen, seien sie eingenickt; zuerst sei Aristophanes eingeschlafen, bei schon vorgerückter Morgenzeit auch Agathon. Sokrates aber sei, nachdem sie über seinen Reden eingeschlummert, aufgestanden und weggegangen.

Was mag Sokrates den Ermüdeten und den Schläfern so alles erzählt haben? Lesen Sie mal!

Versuch einer Ergänzung von Platos »Gastmahl«

Als nun die meisten eingeschlafen oder gegangen waren, setzten sich Sokrates, Agathon, Aristophanes und Klytos, der Sohn des Alabander, zusammen.

O weiser Klytos, begann Sokrates, sage mir, was schlimmer ist, Durst oder Heimweh?

Zweifellos Heimweh, versetzte Klytos.

Warum? fragte Sokrates. Meinst du nicht auch, daß das Heimweh ein des Menschen würdigeres Gefühl ist als der Durst, den der Philosoph gering achten sollte, da er ihm von der Natur aufgezwungen wird?

Das meine ich zweifellos auch, erwiderte Klytos.

Du erstaunst mich, entgegnete Sokrates. Wie kann dasselbe Gefühl zugleich würdiger und schlimmer sein? Denn ist es nicht so, daß das eine das andere ausschließt?

In der Tat ist es so, mein Sokrates.

Nun, o Klytos, wenn es sich so verhält, wäre es da nicht richtiger zu sagen, daß das Heimweh das würdigere, der Durst aber das schlimmere Gefühl ist?

Das wäre ohne Frage richtiger.

Da du dies eingesehen hast, o mein weiser Klytos, wäre es da zuviel verlangt, wenn du aufstehen würdest und danach schautest, ob sich irgendwo noch etwas zu trinken befindet? Wie ich sehe, ist die Rundschale leer, und wer, glaubst du, wird eher Gefahr laufen, Durst zu leiden: derjenige, der etwas zu trinken hat, oder derjenige, der nichts …

Schon gut, mein Sokrates, versetzte Klytos, ich gehe ja schon.

Nach einer Weile kehrte er zurück und hörte den Schluß eines Gesprächs mit an, in dem Sokrates die beiden Dichter zuzugeben zwang, daß zwischen der Malerei und dem Kriegshandwerk ein Unterschied sei. Darauf füllte er Wein in eine große Schale, und sie begannen, rechts herum zu trinken.

O mein Aristophanes, begann Sokrates, ich sehe, daß du am Einschlafen bist. Kannst du mir vorher noch eine Frage beantworten?

Gern, mein Sokrates.

Du bist ein berühmter Mann, o Aristophanes, und die Menge liebt dich, weil du sie lachen machst, ich dagegen verstehe nichts vom Handwerk des Dichters. Wirst du mir verzeihen, wenn dir die Frage töricht scheint?

Nein, o mein Sokrates, erwiderte Aristophanes.

Wieso *nein*, o Aristophanes? Meintest du nicht *ja*, und die Müdigkeit drehte dir das Wort im Munde herum, wie das Volk sagt?

Zweifellos, versetzte Aristophanes.

Dann darf ich also die Frage stellen, o mein Aristophanes?

Nie und nimmer, o Sokrates, entgegnete dieser.

Wie soll ich diesen Widerspruch lösen? Einmal sagst du, ich dürfe sie stellen, und dann wieder, ich dürfe sie nicht stellen.

Wer könnte das bestreiten, erwiderte Aristophanes.

Ab dieser Stelle wachte Agathon auf, der ein wenig eingenickt war, und sagte: Das ist zweifellos richtig.

Mein Agathon, versetzte hierauf Sokrates, bist du dem Gespräch bis jetzt gefolgt, oder hast du nicht vielmehr geschlafen?

Ich habe geschlafen, entgegnete Agathon.

Findest du es, o Weiser, richtig, in einem Gespräch eine Meinung zu äußern, an dem man nicht teilgenommen hat, weil man währenddessen schlief?

Das ist ohne Frage richtig, antwortete Agathon.

Folgt daraus nicht, daß du besser daran tätest, weiterzuschlafen als deine Meinung kundzutun?

Freilich täte ich daran besser, o Sokrates.

Nun, mein Agathon, so tue es auch.

Agathon folgte den Worten des Sokrates und legte sich wieder hin, nachdem er einen Schluck aus der Schale genommen hatte.

Nun zu dir, mein Aristophanes, sagte Sokrates und gab ihm einen Stoß. Bist du nicht auch der Meinung, daß ein Komödienschreiber zugleich ein Tragödienschreiber sein muß und daß, wenn einer die eine Kunst beherrscht, er notwendig auch in der anderen Meister ist?

Darauf öffnete Aristophanes seine Augen und sagte: Wie könnte es anders sein.

Während der letzten Worte waren auch Agathon und Klytos aufgewacht, sie nickten jedoch gleich wieder ein.

Sokrates vertrieb sich noch ein wenig die Zeit damit, dem Rundgefäß einzureden, daß es schon einmal voller gewesen sei, doch als es keine Antwort gab, stand er auf und ging.

Dante

In dem Roman Ich Ich Ich *versuchte ich meinen Dank an die wichtigsten jener Dichter, die mein Italienbild geprägt hatten, dadurch abzutragen, daß ich ihre Tonfälle aufgriff und sie dem Buch einverleibte. Die Terzinen aus Dantes* Göttlicher Komödie *durften ebensowenig fehlen wie die unverwechselbare Stimme, mit welcher Giorgio Vasari seine* Lebensläufe der berühmtesten Maler, Bildhauer und Architekten *(ergänze: der Renaissance) erzählt hatte. Ganz zu schweigen von dem sehnsüchtigen Gesang Joseph von Eichendorffs, der seinen* Taugenichts *durch das wohl berückendste Italien wandern läßt, das je im nordischen Nifelheim zusammengeträumt worden ist.*

Fahrt in den Süden

Ich fand mich, grad in unsres Lebens Mitte,
in München Süd, den Wagen aufzutanken,
da ich von Frankfurt fortgewandt die Schritte,

Als mich ein Tankwart, dem dafür zu danken,
ich heut noch Grund hab, ernst danach befragte,
ob's Öl zu wechseln sei. Nach kurzem Schwanken

Bejahte ich, worauf der Meister sagte,
das brauche etwa eine Viertelstunde,
ich könnt' solange tun, was mir behagte.

So schaute ich gelangweilt in die Runde,
da sah ich plötzlich groß am Junihimmel
ein weißes Pferd vor dunkelblauem Grunde.

So ausdrucksvoll, so feurig sprang der Schimmel,
daß es mir schien, als stieg ein Lebewesen
aus luft'ger Wolken quellendem Gewimmel.

Ich staunte kurz und wollte schon zum Tresen
des nahen Rasthaus' meine Schritte lenken,
da fiel mir ein, ich hatte nichts zu lesen.

Ich kehrte um, und ohne viel zu denken
sah ich noch einmal hoch. Starr blieb ich stehen,
unfähig, abermals den Blick zu senken,

Denn auf dem Tier war nun ein Mensch zu sehen,
ein Reiter, der mit hochgestrecktem Schwerte
dabei schien, auf den Gegner loszugehen.

Der war mir so vertraut. Und plötzlich kehrte
Erinnerung zurück aus frühen Tagen,
ein Märchen, das mich meine Mutter lehrte.

Von einem Ritter wußte sie zu sagen,
der ausgezogen sei mit weißem Wappen,
bereit, für's Gute ständig sich zu schlagen.

Alleine, ohne Freundesschar und Knappen,
mit Pferd und Schwert nur sei er fortgeritten,
erzählte sie in zahllosen Etappen.

Denn jeden Abend hub ich an, zu bitten,
daß sie mir mehr von jenem Held berichte,
davon, wie er gelebt, wie er gestritten.

So spann sie jeden Abend die Geschichte
solange weiter, bis ich schläfrig fragte:
»Wer ist der Weiße Ritter?« In dem Lichte

Der kleinen Lampe auf dem Nachttisch sagte
mir meine Mutter: »Du.« Vor meinem müden
Aug' stand mein Schwert, das blank gen Himmel ragte.

Nun sah ich's wieder, auf dem Weg nach Süden.

Giovanni Boccaccio
Ein Florestan-Fragment

Was bisher geschah: Da in Frankfurt Smog-Alarm ausgelöst worden ist, sind Phyllis, Chloë, Anselmus, Sir Pit und Florestan in ein toscanisches Landhaus geflohen. Um sich die Zeit zu vertreiben, erzählen sie einander Geschichten.

Nun war die Reihe an Florestan, eine Erzählung zum besten zu geben, er ließ sich auch nicht lange bitten, verdrückte nur noch rasch eine von Chloës köstlichen Bouletten und begann, nachdem er en passant ein Gläschen Grappa sichergestellt hatte:
»Ihr alle seht doch dort hinten die Ruinen, die sich gegen den Abendhimmel abzeichnen.«
»Abzeichnen gilt nicht«, warf Anselmus keck ein. »Selberzeichnen macht den wahren Künstler aus!«
Chloë lächelte in sich hinein.
»Das sind die Ruinen des vormals sehr bedeutenden Kastells von Montegrossi«, fuhr Florestan unbeirrt fort.
»Monte Grossi meint sich Großi Bergi«, fiel Sir Pit munter ein, was Phyllis dazu veranlaßte, »Laßt doch den Florestan mal erzählen!« zu sagen.
»In diesem Kastell nun«, setzte Florestan von neuem an, »lebte so um das Jahr – na ja, es kann auch etwas später gewesen sein, der mächtige Conte Ugo di Ricasoli, der in der ganzen Gegend wegen seines ungestümen Temperaments und seiner blendenden Erfolge bei den Frauen gefürchtet und geachtet ward. Da begab es sich, daß der Conte Ugo während einer Jagd eines jungen Mädchens ansichtig wurde, dessen Schönheit ihn sogleich veranlaßte, sein Pferd zu zügeln. Wer dieses Mädchen sei, fragte er seinen Troß, doch keiner konnte ihm Antwort geben, bis sich schließlich ein buckliger Armbrustspanner vordrängte und er-

klärte, seines Wissens sei das Beatrice, eine Schäferin aus Grimoli, Tochter des Köhlers Battista, eine, wie er mit schiefem Grinsen hinzufügte, gottesfürchtige und unbescholtene Jungfrau, der bisher schon viele Burschen ohne Erfolg den Hof gemacht hätten.

Diese Worte genügten, um in dem Conte zwei durchaus widerstreitende Empfindungen auszulösen. Einmal entbrannte er in unsterblicher Liebe zu der schönen Beatrice, zum anderen aber schwor er bei allen Heiligen, sich ihrer niemals durch jene Gewalt, die ihm als Herr der gesamten Gegend ohne weiteres zu Gebote stand, zu bemächtigen, sondern der Jungfrau gegenüber lediglich jene Waffen anzuwenden, die die Natur allen Männern ohngeachtet ihres Standes bereitstellt: das gewinnende Auftreten und die List.

Wieder im Kastell von Montegrossi angelangt, bestellte er daher unverzüglich den bucklingen Armbrustspanner, einen Mann namens Gino, zu sich und trug ihm auf, der schönen Beatrice einen Topf voll heißer Suppe aus der Küche des Kastells zu bringen. Aber die werde doch auf dem langen Wege bis Grimoli erkalten, wandte Gino ein, worauf Conte Ugo ungeduldig erwiderte, das solle sie auch, er aber, Gino, sei angehalten, der schönen Beatrice lediglich zu sagen: ›Diese Suppe läßt dir mein Herr, der Signor Matz, bringen, wohl bekomm's!‹

Der Armbrustspanner tat, wie ihm geheißen, und am nächsten Tag befahl ihm der Conte Ugo abermals, einen Kübel Suppe zur schönen Schäferin zu tragen, wobei er wiederum sagen sollte: ›Diese Suppe läßt dir mein Herr, der Signor Matz, bringen, wohl bekomm's!‹

So ging das die Woche weiter, bis schließlich, am siebenten Tage, Conte Ugo dem Armbrustspanner beschied, heute werde er die Suppe selber zu Beatrice bringen, er benötige seinen Dienst nicht mehr, welche Worte der bucklige Gino mit einem unangemessen fröhlichen ›Wohl bekomm's‹ quittierte.

Der Conte Ugo di Ricasoli traf die schöne Schäferin denn auch richtig auf der Wiese bei Grimoli an, reichte ihr den Kübel mit der erkalteten Suppe und sagte: ›Diese Suppe läßt dir mein Herr, der Signor Matz, bringen, wohl bekomm's!‹

In diesem Satz aber lag eine zwiefache List verborgen:

Einmal wollte der Conte, daß die Schäferin frage, was die ganzen erkalteten Suppen zu bedeuten hätten, darauf nämlich gedachte er zu antworten: ›So wie die Suppe, so erkaltet auch die Liebe, so sie nicht zur rechten Zeit genossen wird‹ –, zum anderen aber hoffte er, daß Beatrice sich nach dem Spender all der kalten Suppen, dem Signor Matz, erkundigen werde, worauf er das Gespräch auf diesen ebenso mächtigen wie geknechteten Herrn zu bringen gedachte, den nur eine schöne Jungfrau davor bewahren könne, in ewiger Dunkelheit dahinzuschmachten. Den weiteren Verlauf der Unterhaltung aber malte er sich folgendermaßen aus: Wer denn dieser seltsame Herr sei – so sollte die schöne Schäferin nach dem listigen Plan des Conte fragen –, worauf er antworten wollte, der Signor Matz sei der Herr aller Herren hier.

Aber nein, das sei doch der Conte Ugo di Ricasoli, würde das Mädchen antworten, worauf er sich schmerzlich lächelnd als eben dieser Conte zu erkennen geben und hinzufügen wollte, der erwähnte Signor Matz sei noch weitaus mächtiger als er.

Welches denn dann die Ländereien dieses Signors seien, sollte die Schäferin darauf verdutzt fragen. Ach, in seiner Hose beispielsweise herrsche er uneingeschränkt! wollte der Conte antworten, und darauf, so hoffte er, würden die unschuldigen Worte in weit weniger unschuldige Handgreiflichkeiten übergehen, die ihn, des war er sicher, über kurz oder lang zum Ziel seiner glühenden Wünsche führen müßten.

Doch zum Erstaunen des Conte Ugo aß die schöne Beatrice die Suppe ohne jeden Einwand, leckte sich zum Schluß die feingeschwungenen Lippen und reichte den Topf mit der Bemerkung zurück, diesmal habe die Suppe mehr Fleisch enthalten, was ihrem Geschmack sehr zugute gekommen sei.

›Und daß sie kalt war, hat dich wohl nicht gestört?‹ fragte der Conte lauernd, doch die Schäferin zuckte nur lächelnd mit den Achseln und lehnte sich mit einem mehrdeutigen Seufzer gegen den Olivenbaum, in dessen Schatten die beiden saßen.

›Es ist nämlich bei der Suppe so wie bei der Liebe‹, fuhr der Conte bedeutungsvoll fort, ›beide erkalten, wenn man sie nicht zur rechten Zeit zu genießen weiß.‹

Doch diese Worte zeitigten keine andere Folge als die, daß sich das Mädchen zufrieden räkelte und ein wenig an ihrem Busenband herumzupfte.

›Das sind nicht meine Worte‹, sagte der Conte, wobei er bereits jenes schmerzliche Lächeln zum Einsatz brachte, das er sich eigentlich für einen späteren Zeitpunkt hatte aufsparen wollen, ›der das sagt, ist mein Herr, der Signor Matz.‹

›Sagt er das?‹ fragte die schöne Beatrice und sah gedankenverloren einem Käfer zu, der auf ihrem braunen Knie herumkrabbelte, wobei er sich derart in den Falten ihres ein wenig hochgeschlagenen Rockes verkrallte, daß sie das schwere Tuch noch ein wenig höher zog.

›Mein Signor Matz ist ein großmächtiger Herr!‹ rief der Conte Ugo mit Nachdruck aus, ›obwohl er in ständiger Dunkelheit schmachtet!‹

›Macht er das?‹ entgegnete die Schäferin, indes sie den Käfer mit einem Zweiglein daran zu hindern trachtete, die schattigen Gefilde unter ihrem Rocksaum aufzusuchen.

›In meiner Hose beispielsweise herrscht er uneingeschränkt‹, platzte der Conte di Ricasoli heraus und deutete, alle List vergessend, auf seinen Hosenlatz, der sich bereits in höchst verräterischer Weise zu bauschen begonnen hatte.

›Tut er das?‹ war die Antwort der Schönen, die den Käfer augenscheinlich trotz des Zweigleins nicht von seinem Weg hatte abbringen können, weshalb sie, die Beine spreizend, damit begann, auch jene Gegenden ihrer Schenkel in Augenschein zu nehmen, deren Weiße davon kündete, daß sie gemeinhin nicht den Strahlen der wärmenden Sonne zugänglich waren.

›Ich bin übrigens der Conte di Ricasoli!‹ rief der Conte mit dem letzten Rest an Beherrschung aus, der ihm noch zu Gebote stand.

›Sind Sie das?‹ fragte die schöne Schäferin, die ihre Suche mittlerweile auch auf jenes dunkle Dreieck ausgedehnt hatte, das nun schon seit Tagen der Mittelpunkt aller Sehnsüchte des Conte gewesen war und das er, da es sich ihm so unvermittelt offenbarte, fast befremdet betrachtete, zumal es gerade von einem mühsam dahinkrabbelnden Käfer überquert wurde.

Da aber knöpfte er, all seine Pläne vergessend, seinen Hosenlatz auf und war gerade dabei, sich mit dem Ruf ›Gestatten Sie, daß ich Ihnen, schönste Jungfrau, den mächtigen Signor Matz vorstelle!‹ der Herrin seiner Träume zu nähern, als diese, ihren Rock mit einer raschen Bewegung zurückschlagend, blitzenden Auges ausrief, er, der Conte Ugo, sei einem Schwindler aufgesessen, den Signor Matz kenne sie nun bereits seit sechs Tagen, der Herr Gino sei so freundlich gewesen, ihr diese Bekanntschaft zu vermitteln, und aufgrund dieser Kenntnis könne sie dem Conte versichern, daß es sich bei dem Herrn, den er in seiner Hose beherberge, keineswegs um den Signor Matz, höchstens um einen ebenso dreisten wie kläglichen Doppelgänger handeln könne, einen nichtsnutzigen Wicht, den sie, wäre sie mit der Macht eines Conte ausgestattet, unverzüglich mit Schimpf und Schande aus dessen Beinkleid vertreiben würde.

Da erkannte der Conte Ugo di Ricasoli, daß seine List auf derart bodenlose Art und Weise gescheitert war, daß ihn nur noch eine großherzige Geste vor der vollkommenen Lächerlichkeit retten konnte, weshalb er für den nächsten Samstag eine Trauung in der Kapelle des Kastells von Montegrossi anberaumen ließ, eine Trauung zwischen, wie er den Prete mit einem nun wirklich schmerzlichen Lächeln wissen ließ, drei Personen: der schönen Schäferin Beatrice aus Grimoli, dem buckligen Armbrustspanner Gino und dem Signor Matz …«

Giorgio Vasari
Die Vita des Norberto Gamsbardi aus Montaio

Giorgio Vasari, »Lebensläufe der berühmtesten Maler, Bildhauer und Architekten« – wie lange kannte ich das Buch schon? Hatte es mich nicht bereits 1956 nach Florenz begleitet, dorthin, wo es vierhundert Jahre zuvor erstmals erschienen war? Und wann hatte ich jene Eindeutschungen einiger Künstlernamen auf das Vorsatzpapier gekritzelt, die ich nun kopfschüttelnd studierte: Paolo Uccello – Paul Vogel, Jacopo della Quercia – Jakob von der Eiche, Masaccio – Häßlicher Thomas, Giorgione – Großer Georg, Piero Pollaiuolo – Peter Hühnerzüchter, Leonardo da Vinci – Leonhard von Siegstdu, Jacopo Tintoretto – Jakob Färberchen, Sebastiano del Piombo – Sebastian vom Blei, Lorenzo Monaco – Lorenz München, Lorenzo di Credi – Lorenz von Glaubstdu, Lorenzo Lotto – Lorenz Glücksspiel ... welch eine Narretei! Aber lustig. Ich lachte ein wenig und machte mich an die Lektüre:

Vieler großer Söhne darf sich die kleine Comune von Montaio rühmen, doch keinem ward größerer Ruhm beschieden als Norberto Gamsbardi, der als Sohn einer einfachen Magd und eines zweifachen Vaters dort an einem nebligen Dezembertage das Licht der Welt erblickte. Schon früh erstaunte Norberto alle durch sein ungemeines Talent für Begabungen, weshalb ihn sein Vater bereits in zarter Jugend bei dem Malermeister Giovanni Vapore in die Lehre schickte. Da er auch dort wegen seiner Geschicklichkeit auffiel, zog ihn der Meister schon bald bei größeren Arbeiten hinzu. So malte Gamsbardi auf eine Abendmahlsdarstellung, welche für das Kloster der Brüder vom Schmerzenden Kreuz bestimmt war, einen großen Dachs, der von so großer Lebendigkeit im Ausdruck und solcher Feinheit der Ausführung war, daß selbst gebildete und in der Malerei erfah-

rene Männer bereit waren zu schwören, sie ständen einem
Dachs gegenüber, nicht aber der Figur des Judas, den Norberto
eigentlich hatte malen sollen. Außerdem malte er in dieser Zeit
noch eine kleine »Verkündigung«, auf welcher er wieder aller-
hand höchst lebensecht dargestellte Tiere abbildete, darunter
einen Steinkauz, der einen großen, mit bisher nicht gekannter
Eindringlichkeit gestalteten Rasierpinsel in der Klaue hielt.
Dem Steinkauz aber hatte er die Züge der Äbtissin des Konku-
binenordens gegeben, der er auf diese Weise zu verstehen geben
wollte, sie solle sich doch bitte häufiger rasieren. Daraufhin ver-
weigerte sie dem Gamsbardi die zugesicherte Entlöhnung, weshalb er vor Gericht zog, wo er erklärte, er habe den Steinkauz
deswegen auf sein Bild gemalt, da derselbe der Madonna gerade
Unterricht im Mäusejagen gebe. Aus einem anschließenden
theologischen Disput mit dem Bischof von San Giovanni, welcher bestritt, daß die Madonna je Mäuse gejagt habe, ging Norberto als Sieger hervor, da er zu bedenken gab, eine in allem
vollkommene Frau wie die Madonna müsse auch eine vollkommene Mäusejägerin sein. Dem mußte der Bischof grundsätzlich
zustimmen, hielt jedoch dagegen, daß die Madonna kraft der ihr
von Geburt an innewohnenden Vollkommenheit keines Lehr-
meisters im Mäusejagen bedürfe, worauf Norberto einräumte,
daß er sich falsch ausgedrückt habe, er habe eigentlich sagen
wollen, der Steinkauz sei bei der Madonna in die Lehre gegangen [...]
Diese Arbeiten festigten den Ruf des jungen Gamsbardi so sehr,
daß der kunstsinnige Fürst Heiner di Grimoli ihn zur Aus-
malung seiner Palastkapelle hinzuzog. Dort hatte der hochange-
sehene Meister Max bereits mit der Darstellung eines aufer-
stehenden Christus begonnen und darein so viel Fleiß und
Kunstverstand gelegt, daß alle, die es sahen, es nicht für möglich
hielten. Anstatt aber in dieses Lob miteinzustimmen, bemän-
gelte Gamsbardi, ihm schiene es eher, als ob da nicht der Men-

schensohn, sondern vielmehr eine Kartoffel dabei sei, aus dem Grabe zu steigen. Erbittert antwortete darauf der so Getadelte: »Mach's doch besser, du Kacker!« – womit er dem Tadler durch die Blume zu verstehen geben wollte, es sei leichter, ein Werk durch Worte als durch ein noch vollkommeneres Gebilde der Einbildungskraft zu beschämen.

Hierauf erwiderte Gamsbardi kein Wort, schloß sich aber für mehrere Wochen in seinem Arbeitsraum ein und malte dort auf einem Nudelholz, das er überaus kunstvoll zubereitet hatte, eine derart lebenswahre Kartoffel, daß selbst der nach der Vollendung des Werks hinzugebetene Meister Max in den Ruf ausbrach, man werde schwerlich eine vollkommenere Kartoffel finden, nur, zum Teufel, was solle das alles? […]

In der Folgezeit trat Gamsbardi in die Dienste des Grafen von Gaiole, für den er eine Reihe von Wichsvorlagen malen sollte, die ihm aber so gut gelangen, daß er sie selber behielt. Als der Graf zum vereinbarten Zeitpunkt die Bilder abholen wollte, wußte sich Gamsbardi nicht anders zu helfen, als daß er ihm einige Zeichnungen überreichte, auf denen er in seinen Mußestunden etliche seltsam geformte Kürbisse in der allermeisterlichsten Manier dargestellt hatte. Dem Grafen aber versicherte er, Unanständigeres hätte bisher kein Sterblicher zu Papier gebracht, und er trug seine Rede mit einer derartigen Überzeugungskraft und mit so einleuchtenden Begründungen vor, daß der ebenso leichtgläubige wie leicht zu erhitzende Graf nicht anders konnte, als ihm recht zu geben, und ihn fürstlich belohnte. Der Graf soll zwei Jahre später auch einen Kürbis geehelicht haben, woraus man ersehen könnte, daß die Malerei, da sie es vermag, selbst den Naturtrieb umzuleiten, die mächtigste aller Künste ist, wenn die oben erwähnte Nachricht stimmte, was jedoch nicht der Fall ist […]

Gamsbardi hatte sich mittlerweile nach Radda verfügt, woselbst er den Stadtsaal ausmalen sollte. Er wählte für seine Darstellung

eine Szene aus der Geschichte der Stadt, und zwar jene, in der
der Rat der Stadt während der Belagerung Raddas durch die
Truppen des Kaisers Karlchen heimlich die letzte der Stadt ver-
bliebene Salami verspeist. Mit diesem Bild aber erregte Norberto den Unwillen der Ratsherren, die freilich, da sie den wahren Grund ihres Mißbehagens nicht zu nennen wagten, vorga-
ben, die Salami sei nicht gut getroffen. Diese Kritik verdroß
Gamsbardi so sehr, daß er beschloß, den Ratsherren eine Lek-
tion zu erteilen. Er lud sie am Pfingstmittwoch zu sich zu Gast,
doch statt der erwarteten Speisen ließ er lediglich ein Bild her-
umreichen, auf welchem allerlei Papageien, Flamingos, Kolibris
und Marabus in der allernatürlichsten Manier und in den aller-
possierlichsten Haltungen dargestellt waren. Um den Hals aber
hatte Gamsbardi den Vögeln funkelndes Geschmeide oder Beutel voller Dukaten gehängt, da er den Ratsherren auf diese Weise
zu verstehen geben wollte, daß er sie für *reich*lich komische Vögel hielt, doch die Getadelten fanden in ihrem Unverstand einen
derartigen Gefallen an dem Bild, daß sie beschlossen, es im Rat-
haus der Stadt aufzustellen, wo es heute noch zu sehen sein soll
[…]
Als sich das Alter bemerkbar machte, begann Gamsbardi mehr
und mehr, die Malerei zu vernachlässigen. Statt dessen ver-
gnügte er sich damit, Wortgebilde anzufertigen, die so leicht
und kunstreich gefügt waren, daß sie sich bei der leisesten
Berührung zu Staub verflüchtigten […]

Angelus Silesius

Der Cherubinische Wandersmann *des »schlesischen Engels« Angelus Silesius – er hieß mit bürgerlichem Namen Johannes Scheffler – kreist in anderthalbtausend zweizeiligen gereimten Alexandrinern um das Thema Mensch und Gott.*

Ich habe nicht nur Thema und Tonfall aufgegriffen, ich nutzte auch einige Gedichtanfänge des Schlesiers dafür, sie durch eigene Zeilen zu komplettieren und sie – indem ich den sechshebigen Alexandriner hälftelte – vierzeilig zu servieren. Welche? Das mag jeder selber herausfinden. Es wird sein Schade nicht sein, da die Lektüre des Wandersmanns *in jedem Fall lohnt. Der übrigens nicht nur seine cherubinischen Seiten hat: Der blasphemischste Vers meiner Paraphrase, der vorletzte, stammt von der ersten bis zur letzten Zeile vom Angelus, der sich hier als rechter Diabolus outet.*

Jakobinischer Wandersmann

I

In Engelszungen sang
der schlesische Cherub.
Wer fällt ihm hier ins Wort?
Ein Mensch? Der Beelzebub?

II

Mensch, rede nicht von Gott.
Was ist von Gott zu sagen?
Er siegte, sah und kam,
um uns ans Kreuz zu schlagen.

Mensch, werd' vor Gott nicht weich,
denn Gott ist mit den Harten.
Kaum wurde Adam bleich,
schon flog er aus dem Garten.

Vor Gott ist alles eins.
Sein Nehmen ist ein Geben:
Er gibt den Tod und nimmt
im Gegenzug das Leben.

Mach dir nur einen Reim
auf beide, Mensch und Gott:
Du findest kein' auf Mensch
und erntest für Gott Spott.

Ihr Menschen, lernet doch
von Wiesenblümelein:
Gott hat euch ausgesät,
und ihr geht dennoch ein.

Die Ros' ist ohn' Warum,
kein Zweifel an ihr naget,
denn da ist ja der Mensch,
der ihr das Darum saget.

Wo Gott ein Feuer ist,
so ist mein Herz ein Herd,
auf welchem er sein Supp'
kocht, abschmeckt und verzehrt.

Warum daß Gottes Geist
wie eine Taub' erscheint?
Er tut's, weil er damit
den Fuchs zu tarnen meint.

Gott ist mein Stab, mein Licht,
mein Pfad, mein Ziel, mein Hirt,
mein Kind, das all das glaubt
und darob selig wird.

Gott spricht nur immer Ja,
der Teufel immer Nein:
Drum ist der Mensch verdammt,
der Schiedsrichter zu sein.

Nichts dünkt mich hoch zu sein,
ich bin das höchste Ding,
weil auch Gott ohne mich
sich selber ist gering.

III

»Mensch werde wesentlich« –
wer solches sagt, der irrt.
Er sorge vielmehr, daß
sein Wesen menschlich wird.

Johann Wolfgang Goethe

Als ich anläßlich seines 250sten Geburtstages die prächtigen Stanzen der Goetheschen Urworte. Orphisch *paraphrasierte, hob ich die Meßlatte im Laufe der Nachdichtung so weit an, daß ich in Vers Vier und Fünf die goetheschen Reimwörter unverändert übernahm. Da nicht jeder von uns überall und zu jeder Zeit diese Reimwörter im Kopf hat, sei das Goethesche Original vorangestellt:*

Urworte. Orphisch

ΔAIMΩN, Dämon

Wie an dem Tag, der dich der Welt verliehen,
Die Sonne stand zum Gruße der Planeten,
Bist alsobald und fort und fort gediehen,
Nach dem Gesetz, wonach du angetreten.
So mußt du sein, dir kannst du nicht entfliehen,
So sagten schon Sibyllen, so Propheten;
Und keine Zeit und keine Macht zerstückelt
Geprägte Form, die lebend sich entwickelt.

TYXH, Das Zufällige

Die strenge Grenze doch umgeht gefällig
Ein Wandelndes, das mit und um uns wandelt;
Nicht einsam bleibst du, bildest dich gesellig,
Und handelst wohl so, wie ein andrer handelt:

Im Leben ist's bald hin-, bald wiederfällig,
Es ist ein Tand und wird so durchgetandelt.
Schon hat sich still der Jahre Kreis geründet,
Die Lampe harrt der Flamme, die entzündet.

ΕΡΩΣ, *Liebe*

Die bleibt nicht aus! – Er stürzt vom Himmel nieder,
Wohin er sich aus alter Öde schwang,
Er schwebt heran auf luftigem Gefieder
Um Stirn und Brust den Frühlingstag entlang,
Scheint jetzt zu fliehn, vom Fliehen kehrt er wieder,
Da wird ein Wohl im Weh, so süß und bang.
Gar manches Herz verschwebt im Allgemeinen,
Doch widmet sich das edelste dem Einen.

ΑΝΑΓΚΗ, *Nötigung*

Da ist's denn wieder, wie die Sterne wollten:
Bedingung und Gesetz; und aller Wille
ist nur ein Wollen, weil wir eben sollten,
Und vor dem Willen schweigt die Willkür stille;
Das Liebste wird vom Herzen weggescholten,
Dem harten Muß bequemt sich Will' und Grille.
So sind wir scheinfrei denn nach manchen Jahren
Nur enger dran, als wir am Anfang waren.

ΕΛΠΙΣ, Hoffnung

Doch solcher Grenze, solcher ehrnen Mauer
Höchst widerwärt'ge Pforte wird entriegelt,
Sie stehe nur mit alter Felsendauer!
Ein Wesen regt sich leicht und ungezügelt:
Aus Wolkendecke, Nebel, Regenschauer
Erhebt sie uns, mit ihr, durch sie beflügelt,
Ihr kennt sie wohl, sie schwärmt durch alle Zonen;
Ein Flügelschlag – und hinter uns Äonen!

Unworte. Optisch

DÄMON, Trash

Seit jenem Tag, da Pfiffige begriffen,
Der Bilder Flut werd' alle Dämme brechen,
War zugleich klar: Auf Anstand ist gepfiffen.
Die Welt will Dreck. Nun soll sie dafür blechen.
Und wenn dabei Herz, Seele, Aug' und Hirn versiffen –
Das Bild bringt Geld. Und das gehört den Frechen.
Denn keine Zeit und keine Macht entwickelt
Entseelten Sinn, von Bubenhand zerstückelt.

DAS ZUFÄLLIGE, Talk

Am Anfang war der Tratsch. Den zu beklatschen
Blieb freilich uns Schlawinern vorbehalten.
Wer andern dabei zuschaut, wie sie quatschen,
Zählt selber zu der Herde der Beknallten,

Die rastlos jeden Rest von Zweck zermatschen,
Dem Redekünste frührer Zeiten galten.
Ratsch! Bricht das weg, worauf Gespräch gegründet,
Wenn nur noch zählt, was als Gerede zündet.

LIEBE, *Peep*

»Mann, ruf mich an!« »Meinst mi? Da legst di nieder!
Welch geiler Arsch! Und was für scharfe Titten!«
Der Mann ist Hahn. Wild sträubt sich sein Gefieder.
Die Frau ist Huhn. Das muß nicht lange bitten.
Per Telefon langt er ihr an das Mieder,
Dann wird das Hühnchen virtuell beritten:
Versagt der Schwanz vorm Zugriff echter Frauen,
Entflieht der Mann ins Hören oder Schauen.

NÖTIGUNG, *Fun*

Als die Verdammten konnten, wie sie wollten,
Da einte Jung und Alt der feste Wille,
Daß Trauer, Schmerz und Angst verschwinden sollten
Samt Langsamkeit, Bedächtigkeit und Stille.
Wer nicht vergnügt war, wurde weggescholten,
Schon Abseitsstehen galt als trübe Grille –
Humor war Trumpf und sorgte mit den Jahren
Dafür, daß alle elend gut drauf waren.

HOFFNUNG, *Show*

Doch all des Schwachsinns widerwärtge Mauer
Wird dem durch zarte Zauberhand entriegelt,
Der sich eins klar macht: Nichts ist hier von Dauer.
Das flirrt und flackert scheinbar ungezügelt,
Und ist doch Show nur, welche den Beschauer,
Der auf sich sieht, zum Abschalten beflügelt:
Man zappt noch einmal quer durch alle Zonen,
Ein Fingerdruck – und hinter uns Äh-Bäh-Onen.

Joseph von Eichendorff
Er folgt einer Einladung

Norbert war unsäglich bang ums Herz, als er sich dem mond-
beschienenen Platze näherte, in dessen Mitte ein undeutlicher
Springbrunnen blinkende Strahlen hin- und hergehen ließ.
Fremdländische Nachtvögel kreuzten sie lautlos, durch das
schwarze Labyrinth der umstellenden Steineichen glaubte er
vielfältigste, lockende Lichter zu erblicken, auf die zuzugehen
er seinen Schritt beschleunigte. Hinter dem kiesbestreuten Platz
tat sich ein schmaler Weg auf, über den das Mondlicht silbern
hinfloß. Zypressen säumten ihn, ein lauer Wind ging durch die
helle Nacht, es schien Norbert, als ob die Bäume Wächter seien,
die zu seinen Schritten warnend ihre mächtigen Kronen rühr-
ten. Zu den immer deutlicher aufscheinenden Lichtern, die von
unzähligen Fackeln oder Laternen herzurühren schienen, ge-
sellten sich nun auch verworrene Geräusche, aus denen sich die
wohlklingende Stimme eines Mannes hervorhob, welcher, von
einer kunstvoll geschlagenen Gitarre begleitet, sang:

> Nur wenigen ist es bestimmt, zu malen,
> Die große Menge ist verdammt zum Schreiben,
> Das mag sie tun und mit Romanen prahlen,
>
> Der wahre Künstler wird bei Stift und Pinsel bleiben.
> Sollt' er auch dann und wann die Feder führen,
> Sein innerstes Gesetz wird ihn zur Leinwand treiben.
>
> Denn schmerzlich läßt ihn jede Fläche spüren,
> Daß sie nach Bildern ruft und nicht nach Worten.
> Wort meint auch Laut. Erst durch der Bilder Türen

Gelangt man in den magisch hellen Orden,
Wo alles schweigt, weil alles Form geworden.

Bei den letzten Klängen war Norbert vor dem Hause angelangt,
aus welchem der Gesang erschollen war. Es handelte sich dabei
ohne jeden Zweifel um das Landhaus, in welchem ihn zu besuchen der Graubart Norbert am Vorabend so eindringlich aufge-
fordert hatte, und für Augenblicke betrachtete der späte Gast
wie verzaubert das breit hingelagerte Gebäude, das mit unge-
zählten erleuchteten Fenstern und einladend geöffneten Türen
wie ein Feenpalast in der stillen Nacht vor ihm lag. Wilder Wein,
in welchem Tausende von Glühwürmchen unablässig ein und
aus gingen, umhüllte es gleich einem anmutigen Mantel,
während kunstreich geschnittene Weinlauben das große Haus
anschmiegsam einfaßten und fortsetzten, waren doch auch sie
derart von unsichtbar angebrachten Lichtern erleuchtet, daß es
Norbert anfangs schien, als erstrecke sich das Bauwerk ganz
grenzenlos schimmernd in die blaue Dunkelheit. Nach und
nach aber gliederte sich der erste große Eindruck in einzelne
Bilder. Hier rann aus dem Munde eines marmornen, moos-
begrünten Fauns unablässig schimmerndes Wasser in eine einla-
dende Schale, dort waren Tische mit weißem Damast, blinken-
dem Geschirr und dunkel aufglühenden Weinflaschen gedeckt,
und für Augenblicke glaubte Norbert in der erleuchteten Tür
ein anmutiges Geschöpf auftauchen zu sehen, dessen schwarze
Locken in ihm die wunderlichsten Erinnerungen wachriefen.
Eine nahe Frauenstimme riß ihn aus seiner Versunkenheit, einer
plötzlichen Eingebung folgend erkletterte er rasch einen der
Bäume, die das Haus umstanden. Von dort fiel sein Blick als erstes in einen Raum, welcher sogleich seine Aufmerksamkeit fes-
selte. Das war eine lange, lange, große Stube, daß man darin
hätte tanzen können, wenn nur nicht auf dem Fußboden alles
vollgelegen hätte. Aber da lagen Mappen, Papiere, Paletten, un-

zählige Farbtöpfe, alles durcheinander; in der Mitte der Stube standen hohe Staffeleien, ringsum an den Wänden waren große Bilder angelehnt. Dazwischen bewegten sich mehrere Damen und Herren, die teils damit beschäftigt waren, die Kunstwerke in Augenschein zu nehmen, teils, zu Gruppen gesellt, scherzend miteinander plauderten. Den Mittelpunkt der Gesellschaft aber bildete ohne Frage der Graubart; von allen Seiten wurden ihm zu seinen Arbeiten Glückwünsche entgegengerufen, die er indes lächelnd abwehrte, was die Gratulanten freilich nur zu noch größerem Lobe anstachelte. Da lachte der Gastgeber plötzlich auf und reichte die Gitarre, die er fortwährend in der Hand gehalten, einem schönen Jüngling und rief aus: »Mein Lob der Malerei habt ihr nun gehört; jetzt ist unser Freund Berthold damit an der Reihe, der mich als ebenfalls malender Kollege und wetteifernder Jünger dieser holden Kunst ja erst zu unserem kleinen Sängerstreit angestachelt hatte.« Der so Angesprochene ergriff das Instrument ohne Zieren, entlockte ihm einige stimmungsvoll präludierende Akkorde und sang dann dazu wie eine Nachtigall:

Sie scheint einfach, jeder glaubt, sie zu verstehen.
»Der Arm ist zu lang, das sieht man doch.«
Die Malerei kann man sehen.

Sie äußert sich sinnlich. Selbst zu den geistlichsten Themen.
»Das da oben ist Gott. Und das darunter das Jüngste Gericht.«
Gemaltes kann man leicht zur Kenntnis nehmen.

Sie spricht bildhaft. Du kannst das Gespräch rasch beenden.
»Den Rubens-Saal schenken wir uns, was?«
Gemälden kann man den Rücken zuwenden.

Sie stellt fest. Doch sie stellt keine Fragen.
»Ach, so sah *es* in Delft zur Zeit Vermeers aus!«
Bilder können nicht Ich sagen.

Sie redet vor allem von Dauer. Und das, ohne dauernd zu
stören.
»Das Bild ist von 1893. Es heißt ›Der Schrei‹.«
Die Malerei kann man nicht hören.

Kaum daß der Jüngling geendet hatte, wurde ihm von allen Seiten lauthals Applaus gespendet, während der Bärtige ihm
stumm und kräftig die Hand drückte, als sich plötzlich die Tür
öffnete und das schöne Geschöpf den hellen Raum betrat, um
sogleich auf den Graubart zuzulaufen und ihm eifrig etwas ins
Ohr zu flüstern.
»Zu Tisch!« rief dieser fröhlich aus, »Sonst wird der Auberg-
inenauflauf kalt!«, und die lustigen Gäste verließen, jeder sein
Liebchen am Arm, den Malsaal, um kurz darauf aus der Haustür in die laue Nacht zu treten, wo die Frau des Hauses bereits
damit begonnen hatte, den köstlichen Inhalt einer langen eiser-
nen Schüssel in abgemessene Portionen zu schneiden, um sie
sodann auf die Teller der erwartungsfrohen Gesellschaft zu ver-
teilen. Schon wollte Norbert seinen luftigen Sitz verlassen, um
sich beizeiten unter die Tafelnden zu mischen, als sein Blick
nochmals in den Raum fiel. Der schien unterdes ganz öde und
leer geworden, doch das Deckenlicht brannte noch, und die vielen Bilder funkelten und gleißten in den prächtigsten Farben.
Da trat unvermutet aus einer Ecke des Raumes, die Norbert von
seinem Ausguck nicht hatte einsehen können, ein dunkelgeklei-
deter Mann vor die aufgereihten Werke und begann sie sorgfäl-
tig in Augenschein zu nehmen. Erstaunt fragte sich Norbert,
wer denn dieser wunderliche Nachzügler sei, der es offenbar
verschmähte, den Schmausenden Gesellschaft zu leisten, als je-

ner mit einemmal aufseufzend einen Schritt zurücktrat und, seinem heimlichen Beobachter noch immer den Rücken zuwendend, nach der Gitarre griff, die Berthold bei dem allgemeinen Aufbruch gegen eine der Staffeleien gelehnt hatte. Wie träumend spielte er auf ihr erst einige verworrene, fast mißtönende Akkorde, um dann mit klagender Stimme zu singen:

> Ich habe stets auf die Karte
> »Machen« gesetzt.
> Und nun mache ich nichts.
> Ja, was mache ich jetzt?
> Gaaanz ruhig!
> Ich schreibe ja noch,
> ich kritzle ja noch,
> ich treibe ja noch,
> ich witzle ja noch –
> das tu ich.
> Ich habe ja noch ein
> Geräusch im Ohr,
> so ein Brummen.
> Und solange ich dem
> noch Ausdruck verleih,
> diesem Brummen im Ohr,
> was immer es sei,
> bin ich immer noch stramm
> nicht ganz im,
> nur knapp am
> Verstummen.

Bei den letzten Worten aber hatte der seltsame Sänger sein Gesicht dem Fenster zugewandt; doch erst als er mit hängenden Schultern in die Mitte des Lichtkreises trat, erkannte Norbert grausend, daß da sein Ebenbild vor ihm stand, das nun auch noch die Rechte hob und mit ausgestrecktem Zeigefinger just auf jene Stelle deutete, die Norbert zu seinem Versteck gewählt hatte.

Da krampfte sich sein Herz zusammen, und er entfloh in wildem Schrecken und gab nicht eher Ruh, als bis er das Haus mitsamt seinen Lichtern, Tönen und Spukgestalten so weit hinter sich gelassen, daß ihn wieder Mondlicht und Grillengesang umfing und er sein an der Straße abgestelltes Auto dunkelschimmernd gegen den silbergrauen Himmel sich abzeichnen sah.

Zu zwei Sätzen von Eichendorff

Zwielicht *heißt eines der geheimnisvollsten Gedichte Eichendorffs, und so beginnt es:*

> Dämmrung will die Flügel spreiten.
> Schaurig rühren sich die Bäume.
> Wolken ziehn wie schwere Träume –
> Was will dieses Graun bedeuten?

Das Gedicht ist vierstrophig. Es endet mit den zwielichtigen Zeilen

> Was heut müde gehet unter,
> Hebt sich morgen neu geboren.
> Manches bleibt in Nacht verloren –
> Hüte dich, sei wach und munter!

An diesem mir sehr lieben Gedicht habe ich erstmals die von mir erdachte Methode des »Classic Sandwich« erprobt: Man nehme die erste und die letzte Zeile eines schon vorhandenen Gedichts und fülle den Leerraum mit einer selbstverfertigten Farce:

> *Dämmrung will die Flügel spreiten,*
> wird uns alsobald verlassen,
> willst du ihren Flug begleiten,
> mußt du sie am Bürzel fassen.

> Freilich, mancher, der so reiste,
> fiel aus großer Höh' hinunter,
> weil er einschlief und vereiste.
> *Hüte dich, sei wach und munter!*

Gustav Schwab (Text),
John Lennon/Paul McCartney (Musik)

Als mal wieder der Beatles-Titel Paperback writer *erklang, kam mir der Gedanke, auch ein Bodenseereiter könne zu diesen Tönen harmonieren. Die Lektüre der Gustav Schwabschen Ballade* Der Reiter und der Bodensee *erhärtete diesen Verdacht, und anschließendes Dichten brachte endgültige Gewißheit: Die Brücke Schwab–Beatles ist tragfähig. Auch in musikalischer Hinsicht: Als Geburtstagsgeschenk zum 60sten brachte Otto Waalkes eine Bodenseereiter-CD mit, die er zusammen mit seinen* Friesenjungs *eingespielt hatte. Mann, ging da der Ritt ab!*

Bodenseereiter

Zur Melodie des Lennon/McCartney-Titels »Paperback writer« und nach Motiven der Ballade »Der Reiter und der Bodensee« von Gustav Schwab

> Ein Mann wollte schnellstens von A nach B,
> zwischen A und B lag der Bodensee,
> der im kältesten Winter seit hundert Jahr
> von A bis B zugefroren war:
>
> Bodenseereiter, Bodenseereiter,
> wie kommst du weiter?

Frischer Schnee, der deckte das blanke Eis,
doch was einer nicht weiß, das macht ihn nicht heiß.
Unser Mann ahnte nichts von dem See unterm Schnee,
also ritt er über den Bodensee:

Bodenseereiter, Bodenseereiter,
wie geht es weiter?

Bald schon bricht der Abend, der frühe, herein,
aus Häusern im Schnee blinkt der Lichter Schein.
Das ist endlich A, denkt der Reitersmann,
da staunt eine Frau groß den Fremden an:

Seltsamer Reiter, eisiger Reiter,
kommst du von weither?

Von dahinten, sagt er, und sie fragt: Vom See?
Ist hier nicht A? fragt er – Nein, sagt sie, hier ist B.
Da stocket sein Herz, er sinkt vom Roß herab,
und am Ufer ward ihm ein trocken Grab:

Bodenseereiter, Bodenseereiter,
da sind wir gescheiter:

Wir alle müssen von A nach B,
unser aller Weg führt übern Bodensee.
Doch um faktisch vorm trocknen Grab sicher zu sein,
brechen wir prophylaktisch ins nasse ein:

Bodenseereiter, Bodenseereiter,
kommt, es geht weiter!
Bodenseereiter, Bodenseereiter,
das Leben geht weiter!

Heinrich Heine

Am 13. Dezember 1997 feierten zwei deutsche Dichter je rundes Jubiläum: Heinrich Heine seinen 200sten Geburtstag und ich meinen 60sten.
»Wenn Könige feiern, haben Kärrner zu tun« – ich hatte die Ehre, den Älteren ehren zu dürfen. Ich trieb die Verehrung so weit, Heines Dichten und meine Heine-Lektüre in Heine nachgedichteten achtzehn Schritten nachzuvollziehen. Der folgende Ausschnitt enthält die Schritte zwei bis sieben.

Nachdenken über Heinrich H.

Anfrage

Zu Frankfurt eine Zeitung mich frug:
Werden Sie aus Heinrich Heine klug?

Der wird im Dezember wohl zweihundert Jahr
Kommen Sie mit Heinrich Heine klar?

Wir dachten, das könnte was für Sie sein –
Fällt Ihnen etwas zu Heine ein?

Noch schreiben wir Mai, doch sei angefragt –
Denken Sie für uns über Heine nach?

Zögern

Ich weiß nicht, was soll das bedeuten,
Daß ich so unschlüssig bin.
Ein Urteil aus Urschülerzeiten,
Das will mir nicht aus dem Sinn.

»Der Heine? Ein Blender, kein Dichter.
Ein Journalist, kein Poet.
Nie schluchzt er, nie singt er, stets spricht er.
Ein Feuerwerk. Kein Komet.«

Der Heine scheint's nicht zu bringen,
Hat sich da der Schüler gesagt.
Das hat mit seinem Singen
Der Studienrat Kraus gemacht.

Vorsatz

Gen Italien will ich reisen,
Um im Schatten der Zypressen
Deutscher Nebel, deutscher Händel,
Deutscher Knödel zu vergessen.

In dem Herzen der Toscana
Will vom Deutschtum ich genesen.
Und um meinen Sinn zu fest'gen
Werd' ich Heinrich Heine lesen.

Er beginnt die Lektüre

Ein Buch zu öffnen, meint auch zu verreisen.
Heißt mehr noch: sich auf Neuland vorzuwagen.
Ob seine Worte brechen oder tragen,
Muß sich beim Lesen Satz für Satz erweisen.

Der Heine trug sogleich. Wie man das Eisen
Durch kunstvolle Chemie in Stahl verwandelt,
Hat er das Wort gestählt, das, so behandelt,
Imstand ist, jeden Diensts sich zu befleißen,

Den ihm der Dichter abverlangt. Und Heine
Verlangte viel. Der Kranz seiner Sonette,
Dem er den Titel »Fresko« gab, alleine

Würd', wenn er andres nicht geschrieben hätte,
Genügen, seinen Namen zu bewahren:
So jung und schon so leid- und kunsterfahren!

Er liest im »Buch der Lieder«

Das »Buch der Lieder« zu lesen,
Ist manchmal schon eine Straf'.
Das stete Lieben und Leiden
Wiegt selbst den Wachsten in Schlaf.

Das ständige Scheiden und Meiden
Stets nasser Äugelein klein,
Getragen vom Heben und Senken
Unzähliger Vierzeiler fein

Mit all ihren grausamen Liebchen
Und all ihren Nixen so kalt,
Sie ließen den Leser oft seufzen:
Ich fürchte, hier werd' ich nicht alt.

Doch dann stößt er plötzlich auf Zeilen
Zu enden all seine Not,
Auf so gewaltige Schlüsse
Wie »Ich wollt', er schösse mich tot«.

Erinnerung

Warum hab' ich nicht mit achtzehn Jahr
Den Heinrich Heine gelesen?
Warum ist mir nicht bei so manchem Gedicht
Feinsliebchen vor Augen gewesen?

Ich hatte mit achtzehn kein Liebchen hold
Und las auch keine Gedichte.
Ich las Sartre und wichste so vor mich hin.
Das ist die ganze Geschichte.

Eduard Mörike
Zu einem Satz von Mörike

Ein Tännlein grünet wowerweiß im Walde –
doch wer weiß heut noch, wer dies Weiß ersann?
Vor hundert Jahren war's, als Erwin Wower
vor Erwin Zink und Erwin Kremser hintrat
und sprach: »Ich hab ein neues Weiß erfunden,
in Zukunft wird man mit ihm rechnen müssen.«
Und in der Tat, das Weiß von Erwin Wower
triffst heutzutage du auf Schritt und Tritt:
Die junge Braut, die wowerweiß errötet,
der Hagestolz, der wowerweiß ergraut,
die nackte Haut, die wowerweiß gebräunt wird,
der Enzian, der wowerweiß erblaut –
sie alle, samt dem Tännlein, eint ein Band:
Das Weiß, das Erwin, wo, wer weiß, erfand.

Wilhelm Busch

Das Vorbild der folgenden Paraphrase sind selbstredend Max und Moritz; *vor allem ihr vierter, gegen den Lehrer Lämpel gerichteter Streich hat Pate gestanden.*
Für Amor und der Tapir *gibt es keine konkrete Vorlage bei Busch, sieht man mal von der Tatsache ab, daß die Schlußzeilen des vierten* Max und Moritz-*Streichs auch hier variiert werden:*
Mit der Zeit wird alles heil,
Nur die Pfeife hat ihr Teil.

Das Attentat
oder
Die nackten Fakten
oder
Ein Streich von Pat und Doris

Ach, was muß man oft von bösen
Mädchen hören oder lesen!
So zum Beispiel hier von diesen,
Welche Pat und Doris hießen.
Die, anstatt durch weise Lehren
Sich zum Guten zu bekehren,
Oftmals noch darüber lachten
Und sich heimlich lustig machten. –

Aber wehe, wehe, wehe,
Wenn ich auf das Ende sehe!
Drum ist hier, was sie getrieben,
Auszugsweise aufgeschrieben:

Also lautet der Beschluß.
Daß der Mensch was lernen muß.
Nicht allein das Abc
Bringt das Mädchen in die Höh',
Sondern auch der Weisheit Lehren
Muß man mit Vergnügen hören.
Daß dies mit Verstand geschah,
War Professor Teddie da.

Pat und Doris, diese beiden,
Mochten ihn darum nicht leiden.
War's, weil sie in Seminaren
Nicht die allerbravsten waren,
War's, weil sie zu wissen wähnten,
Wonach sich die Massen sehnten –:
Was der Prof da von sich gab.
Klang in ihren Ohren schlapp.
Abgefuckt und inhaltsleer,
Konterrevolutionär,
Bourgeois und theoretisch,
Stetes Kreisen um den Fetisch
Ratio – und so was rächt sich,
Denn noch schrieb man Neunundsechzig,
Und da sann man unverdrossen
Mal auf Go-ins, mal auf Possen,
Um die Profs zu demaskieren
Und der Welt zu demonstrieren,

Daß sie unter den Talaren
Machtgeil, stur und muffig waren,
Grade dann, wenn sie in Worten
Jederzeit und allerorten
Das Bestehende verdammten
Und der Schicht, aus der sie stammten,
Feurig die Leviten lasen:
Haltet ein! Bald deckt der Rasen
Euch und eure schwarzen Taten.
Die tagtäglich das verraten,
Was ihr sonst an Werten predigt –:
Glaubt Karl Marx! Ihr seid erledigt!
Denn es kann im falschen Leben
Niemals nie kein richtigs geben!

Meister im Levitenlesen
Aber war der Prof, an dessen
Widersprüchen sich die »lieben«
Mädchen Pat und Doris rieben.
Darum sei sogleich verraten.
Was sie mit Adorno taten.

Nun war dieser große Lehrer
Von den Damen ein Verehrer,
Was man ohne alle Frage
Nach des Denkens Müh' und Plage
Einem guten, alten Mann
Auch von Herzen gönnen kann.
Nicht so unsre beiden Kinder,
Die im Weiberrat und in der
Wohngemeinschaft voll einbrachten,
Was sie von dem Denker dachten:

Macho, liberaler Scheißer,
Sprücheklopfer, Fraunaufreißer,
Ein im Widerspruch verstrickter
Objektiv dem Volk entrückter
Tui, der subjektiv nicht raffe,
Daß er nichts als eine Waffe
Sei der Scheiß-Reaktion –
Das genügte. Denn bald schon
Riet der ganze Weiberrat
Dergestalt zur raschen Tat,
Daß die beiden lachend schrien:
»Schwestern, stimmt: Da pack'n mer ihn!«

Tags darauf in Unifluren
Treffen wir die zwei Figuren,
Die, das sei nicht übersehen,
Aus sehr viel Figur bestehen,
Da sie nackt, ohn alle Stützen,
Unterm Hemde das besitzen,
Was die jungen wie die reifen
Herren liebend gern begreifen.

Eben strebt in sanfter Ruh
Adorno seinem Hörsaal zu,
Und mit Buch und Lesungsheften
Zu gewohnten Denkgeschäften
Lenkt er freudig seine Schritte
In der jungen Menschen Mitte,
Und voll Dankbarkeit sodann
Schaut er Pat und Doris an,
Die, wie ihm zu applaudieren,
Vollreif seinen Weg spalieren.

»Ach!« denkt er, »Die größte Freud
Ist doch die Begrifflichkeit!«

Rums! Da ziehn die beiden los,
Und vier Brüste schrecklich groß,
Jäh befreit von allen Stoffen,
Herrlich bloß und gänzlich offen,
Nackig, unbeschreiblich weiblich,
Knackig, unbegreiflich leiblich,
Lockend, drängend, wogend, prangend,
Einen ganzen Mann verlangend,
Ragend, dräuend, drohend, schwellend,
Allen Geist in Frage stellend,
Recken sich dem Prof entgegen,
Welcher stumm erst, dann verlegen,
Dann erschreckt das Weite sucht
Und bei sich den Tag verflucht,
Da er dieser Busen Licht –
Doch so weit sind wir noch nicht.

Bleiben wir bei unsern Rangen.
Die sich eiligst wieder fangen,
So geschwind, daß niemand klar ist,
Was hier Einbildung, was wahr ist,
Wer hier was warum entblößte –
Fest steht nur: 's kann auch der größte
Denker nicht in Frieden leben,
Wenn Mädchen ihre Hemdchen heben.

All das geschah vor langer Zeit,
Doch ist es nicht Vergangenheit.
Das Busen-Attentat gab zwar
Dem Prof den Rest –: Im gleichen Jahr

Verstarb der Philosoph, jedoch
Pat und Doris gibt es noch.
Die eine forscht, die andre lehrt.
Und beide sind gottlob bekehrt
Von den Ideen ihrer Jugend:
Heute decken Halter, Stoff und Tugend
Verläßlich, was den Prof einst schreckte,
Als es ihm blank entgegenbleckte …

Mir der Zeit wird alles heil,
Nur der Teddie hat sein Teil.

Amor und der Tapir

Da, wo die bunten Blümlein stehen,
Kann man auch oft den Tapir sehen.

Haramm! Den Tapir hungert sehr,
Jedoch von oben naht sich wer.

Und Zack! Der Liebesgott hat's eilig,
Der Tapir spürt dies hinterteilig.

Peng! So ein Pfeil ist vorne spitzig,
Den Tapir dünkt das wenig witzig.

Kradomms! Man spürt den Schmerz erneut,
Der Tapir scheint nicht sehr erfreut.

Ritschratsch! Es wird die Haut gespalten,
Der Tapir wirkt recht ungehalten.

Padang! Wir sehn den Schützen glänzen –
Des Tapirs Spaß hält sich in Grenzen.

Genug! Gott Amor fliegt nach Haus,
Der Tapir sah schon munt'rer aus.

Mit der Zeit wird alles heil,
Nur der Tapir hat sein Teil.

Quodlibet
Wenn Dichter einen Ausflug machen
Ein Couplet

Steigen und Schauen landab und landauf,
Folgend der Sonne herrlichem Lauf,
Grillen hinschmelzen, wenn Phoebus dir lacht – :

Was hätte ein Goethe daraus gemacht!

Mittagsstunde auf felsigem Stein.
Mensch mit dem Blau und dem Adler allein.
Ringsum September in südlichster Pracht –:

Was hätte ein Nietzsche daraus gemacht!

Sieh all das Rot. Dann sieh deine Hand.
Spüre in allem den nämlichen Brand
sehr großen Flammens: Es sei vollbracht –:

Was hätte ein Rilke daraus gemacht!

Abstieg und Einkehr im schlichten Lokal.
»Prego, die carta! Dann gucken wir mal:
Ist das nun billig? Was hab ich gesacht?!«

Das hätte ein Piefke daraus gemacht.

II

Überpersönliche Zungen

Fernöstliche Weisheit

Aus dem Buch der Wandlungen I

»Seht diesen Baum«, sagte Lao-tschi einst seinen Schülern unter einer Yunga-Eiche, in deren Schatten sie nach anstrengender Wanderung um die Mittagszeit ausruhten. »Mannsdick der Stamm, sieben Kulis könnten ihn nicht umfassen, stark wie die Arme der Arbeiter von Sezuan die Äste, nicht zu zählen das Blattwerk. Und doch war er einst eine winzige Eichel, ein unscheinbarer Keim. Was lernen wir daraus?«
Die Jünger, die bereits die Augen geschlossen hatten, öffneten sie wieder für einen Moment.
»Geschenkt, Meister, geschenkt!« riefen sie und »Schon gut«.
Seufzend blickte der Lehrer um sich, und als er alle schlafen sah, folgte er mißmutig ihrem Beispiel.

Aus dem Buch der Wandlungen II

Eines Abends kam ein Jünger zu Lao-tschi und sagte mit erregter Stimme: »Meister, du erzähltest doch einst die Parabel von der Kirsche und dem Spatzen.«
Lao-tschi schaute auf und sagte: »So, tat ich das?«
»Ja«, sagte der Schüler. »Du erzähltest, daß ein Spatz eine Kirsche sah und Appetit nach ihr verspürte und sie verschlang. Da sie aber zu groß für ihn war, erstickte er an ihr. So geht es jedem, der allzu habgierig ist, sagtest du.«
»Sagte ich das?« fragte Lao-tschi. »Dann wird es wohl stimmen.«
»Nein, es stimmt ganz und gar nicht!« schrie der Schüler. »Ich

habe daraufhin die Spatzen beobachtet. Sie denken nicht daran, Kirschen zu verschlucken. Sie picken langsam an den Früchten herum, bis sie genug haben.«

»So?« sagte der Meister glücklich. »Da sagt man immer, die Spatzen hätten nur ein kleines Hirn. Und trotzdem haben sie auf meine Worte gehört und sich gebessert. Was lernen wir daraus?«

»Daß deine Parabeln hinten und vorne nicht stimmen«, brüllte der Schüler.

»Das auch«, entgegnete der Meister. »Aber ich wollte eigentlich noch etwas anderes sagen. Wie war das gleich? Na, es tut nichts zur Sache.«

Und er vertiefte sich wieder in das Buch der 88 Sprüche, während sein Schüler in eine Dunkelheit hinauswankte, die für ihn auch durch den milden Vollmond nicht heller wurde.

Aus dem Buch der Wandlungen III

Lao-tschi pries einst das Wasser.

»Ich wüßte wirklich nicht, was ihm gleichkäme«, sagte er. »Der Wein? Nein, der ist von anderem Geschmack und berauscht. Das Gras? Nein, es ist grün und oben spitz. Der Stein etwa? Nein, der ist rund, und man kann ihn wegwerfen. Der wilde Büffel? Nein, er rennt ziellos hin und her und kann mit dem Schwanze wedeln.«

Hierauf schwieg Lao-tschi eine Weile, worauf er erschöpft fortfuhr: »Ich könnte euch noch andere Beispiele nennen. Doch vielleicht glaubt ihr mir auch so, daß ich wirklich nicht weiß, was dem Wasser gleichkäme?«

»Aber ja!« riefen die Schüler, die nicht im mindesten daran gezweifelt hatten. »Aber ja! Und nun ruhe wieder ein wenig, Meister!«

Märchen
Der Pornogroßhändler im Glück

Es war einmal zu der Zeit, als die gebratenen Krammetsvögel einander noch ins Maul flogen, da hauste in einer Kate ein Kater. Der aber hat mit unserer Geschichte nicht das geringste zu tun. Fünfhundert Kilometer weiter landeinwärts sah die Sache schon anders aus. Nehmen wir nur Köln. Da lebte ein alter Müllerssohn, der merkte, daß es ans Sterben ging. Da ließ er seine drei Väter zu sich rufen und sprach also zu ihnen: »Ihr habt mir sieben Jahre lang treu und redlich gedient, nun sollt ihr euren Lohn erhalten. Du, Peter, bist der Älteste und bekommst dieses Hütlein, mit dem es jedoch folgende Bewandtnis hat: Wenn du es aufsetzt, kann dein Kopf nicht naß werden. Du, Hinz, erhältst dieses Töpflein voll Mus. Es ist aber ein besonderes Töpflein, denn wenn du es aufsetzt, kann dein Kopf ebenfalls nicht naß werden. Mußt freilich vorher den Mus raustun. Und nun zu dir, Kunz, du bist mir der liebste von euch dreien. Dir vermache ich dieses Kästlein hier. Es ist aber ein Kästlein von ganz absonderlicher Art, weil es ein Schnetzelkästlein ist. Und nun zieht in die Welt hinaus und versucht euer Glück!«

So nahmen die drei denn Abschied, und als sie vor die Stadt gekommen waren, da trennten sich ihre Wege. Peter, der Älteste, ging gen Norden. Da lief ihm auf der Höhe von Flensburg ein Dachs über den Weg, der ganz erbärmlich naß war.

»Ei, wie bist du dann so ganz erbärmlich naß, lieber Dachs?« verwunderte sich unser Peter.

»Wie sollte ich bei diesem Regen nicht naß sein?« erwiderte der Dachs. »Hätt' ich freilich ein Hütlein wie du, dann würde ich anders dastehen.«

Da dauerte der Dachs den Peter, und er schenkte ihm sein Hütlein. Der Dachs bedankte sich, setzte das Hütlein auf und sprach also: »Du hast mir geholfen, darum will ich auch dir behilflich sein. Solltest du einmal in Not geraten, dann rufe nur laut meinen Namen. Ich heiße übrigens Jens.« Und mit diesen Worten verschwand er im Unterholz. Peter aber schritt weiter aus und gelangte nach Kopenhagen, wo er sich bei einem Pornohändler verdingte und durch seine fleißige und umsichtige Art bald die Freude seines Meisters wurde.

Da begab es sich, daß eines Morgens ein Abgesandter des Großfürsten von Kopenhagen den Laden betrat und dem Pornohändler bestellen ließ, er habe sich um elf Uhr zur Audienz einzufinden. Der Großfürst aber war ein sehr hochfahrender Mann und seine Tochter eine stadtbekannte Sodomitin.

Zur angesetzten Zeit trat der Pornohändler in den Kronsaal des Großfürsten, der ihn also anredete: »Man sagt, du habest das größte Pornosortiment von Kopenhagen. Hat das seine Richtigkeit?«

»Jawohl«, bestätigte der Pornohändler.

»Nun, dann will ich dich auf die Probe stellen«, fuhr der Großfürst fort. »Du weißt, daß meine Tochter eine stadtbekannte Sodomitin ist. Seit Wochen nun ist sie schwermütig, und nur eines auf der Welt kann sie aufheitern, eine Serie von zwölf gestochen scharfen Hochglanzfarbfotos, die Dachs und Dächsin in den gewagtesten Stellungen zeigen. Ich gebe dir zwölf Stunden Zeit, um diese Bilder aufzutreiben. Gelingt dir das, so sollst du ganz groß rauskommen, gelingt es dir aber nicht, so wirst du den kommenden Morgen nicht mehr erleben!« Da erschrak der Pornohändler, denn er wußte, daß er diesen Wunsch nicht so schnell würde erfüllen können. Doch zum Großfürsten sagte er: »Wird gemacht!«, und traurig begab er sich auf den Heimweg.

In seiner Werkstatt angekommen, ließ er sich bedrückt auf den Stuhl fallen. »Ach, wäre ich doch schon tot!« seufzte er so laut, daß Peter sich erschrocken nach der Ursache seines Kummers erkundigte. Da erzählte ihm der Meister vom Auftrag des Großfürsten. »Sei unbesorgt!« entgegnete darauf der Peter. »Diese Fotos sollst du erhalten!« Und als die Sonne gesunken war, ging er mit seiner Kamera vor die Stadt und rief laut den Namen des Dachs', der übrigens Jens hieß.

Da öffnete sich das Unterholz, und ein mächtiger Dachs trat vor Peter hin.

»Was ist dein Begehr?« fragte der Dachs barsch.

»Mein Meister ist in Schwierigkeiten, und da dachte ich ...«

»Was heißt hier: dein Meister ist in Schwierigkeiten?« unterbrach ihn der Dachs. »Wie heißt du denn überhaupt?«

»Aber ich bin doch der Peter!«

»Welcher Peter?«

»Der, der dir das Hütlein schenkte.«

»Ein Hütlein? Wann denn?«

»Na damals, als es so naß war!«

»Hier ist es immer naß!« bellte der Dachs. »Wenn ich deshalb mit einem Hütlein herumlaufen wollte, müßte ich ständig eines tragen. Wie würde ich da aussehen – ich bitt dich! Der Hut würde mir doch jedesmal runterfallen, wenn ich in den Bau krieche!«

»Aber bist du denn nicht Jens, der Dachs?« fragte Peter.

»Wir sind in Dänemark. Hier heißt jeder dritte Dachs Jens. Wahrscheinlich meinst du einen anderen Dachs gleichen Namens. Nichts für ungut, Fremder!« Und mit diesen Worten krabbelte er in die Dunkelheit, ohne sich um Peters Rufen zu kümmern.

So kam es, daß der Pornohändler am nächsten Tage standrechtlich ersäuft und die Tochter des Großfürsten nie von ihrer Schwermut geheilt wurde. Peter aber beschloß, nimmermehr etwas wegzuschenken, und brachte es mit diesem Vorsatz zum größten Pornohändler Dänemarks. Hinz und Kunz, die es nach einigen Abenteuern ebenfalls nach Kopenhagen verschlagen hatte, wurden seine Kompagnons, und wer den Schmalfilm »Der geile Großinquisitor« gesehen hat, der wird sich sicher noch an das Töpfchen und das Kästlein erinnern, die der Großinquisitor vor der Vergewaltigung der Äbtissin vom Tisch wischt. Die beiden aber waren niemand anders als der Mustopf und das Schnetzelkästlein.

So lebten die fünf denn herrlich und in Freuden, und wenn wir nicht gestorben sind, dann leben wir noch heute.

Legende
Wundersam glückliche Rettung
der englischen Queen Victoria

Wer schon einmal in London war, kennt sie sicher, die Victoria-Station, jenes längliche Bauwerk, das sich wie ein steinerner Zeuge mitten in der Millionenstadt erhebt. Aber wer weiß schon, wieso es gebaut wurde?

Nun, einst hatte sich die Queen Victoria bei der Jagd verirrt, immer verzweifelter wurde ihre Lage, und schließlich brach sie mitten im Walde zusammen, die nackte Furcht in den Augen, ein Stoßgebet auf den Lippen, doch da teilte sich plötzlich das Gesträuch und ein Hirsch trat heraus, ein Hirsch, der ein Geweih auf dem Kreuz oder ein Kreuz zwischen dem Geweih trug, da gehen die Meinungen auseinander, verbürgt jedoch ist, daß der Hirsch eine segnende Bewegung mit der Hinterhand machte und also zur Königin sprach: »Habe keine Angst! Denn du wirst in Bälde errettet werden!«

Da aber sank die Königin in die Knie und gelobte, an dieser Stelle einen Bahnhof zu errichten.

Weihnachtslied
Die Geburt

Als aber in der finsteren Nacht
die junge Frau das Kind zur Welt gebracht,
da haben das nur zwei Tiere gesehn,
die taten grad um die Krippen stehn.

Es waren ein Ochs und ein Eselein,
die dauerte das Kindlein so klein,
das da lag ganz ohne Schutz und Haar
zwischen dem frierenden Elternpaar.

Da sprach der Ochs: »Ich geb dir mein Horn.
So bist du wenigstens sicher vorn.«
Da sprach der Esel: »Nimm meinen Schwanz,
auf daß du dich hinten wehren kannst.«

Da dankte die junge Frau, und das Kind
empfing Hörner vorn und ein Schwänzlein hint.
Und ein Hund hat es in den Schlaf gebellt.
So kam der Teufel auf die Welt.

Fabel
Das Wandbild und das Paßbild

Ein Wandbild prahlte einmal vor einem Paßbild: »Schau mich mal an, wie groß ich bin. Drei ausgewachsene Frauen können mich mit ihren Armen nicht umspannen, und oben reiche ich bis unter die Decke. Wenn man dagegen dich betrachtet – dich kann ja jeder in die Tasche stecken!«

Doch kaum hatte es ausgeredet, als ein sehbehinderter Kauz in voller Fahrt gegen das Wandbild rauschte und einen Schaden von ca. 1200 Mark anrichtete.

Da schüttelte das Paßbild traurig sein Haupt und sagte: »Tz, tz, tz.«

Moral: Wer in einem solchen Falle keine schlagfertigere Erwiderung auf Lager hat, ist selbst dran schuld, wenn ihn jeder in die Tasche stecken kann.

Kriegsroman
Abschuß Nr. 62
Eine Fliegergeschichte aus dem 1. Weltkrieg

»Die Engländer kommen!« hatte Brummel geschrien, und der Geschwaderkommandant hatte nach oben geschaut.

»Sopwith-Camel«, hatte er lakonisch gesagt. »Mindestens 700 Stück ...« Und dann waren sie zu den startklaren Maschinen gerannt: Möbitz, Köhlemann und Winter. Drei gegen 700, aber es mußte sein. War ja Krieg.

Möbitz kam als erster hoch, jagte seine Focker D7 dem brummenden Schwarm entgegen. Wie schwarze Rucksäcke sahen sie jetzt aus, doch Möbitz wußte, daß er noch näher rankommen mußte. Zog seine Maschine in einem steilen Turn nach rechts und war endlich über ihnen. Kam nun direkt aus der Sonne auf sie runter und hielt auf die Leitmaschine zu. Und jetzt erst roch der englische Pilot den Braten, versuchte wegzutauchen, doch Möbitz' MG hatte schon zu reden begonnen. Und da drehte sich der Tommy um ... Das durfte doch nicht wahr sein! Dieses Gesicht kannte Möbitz doch! Diese feinen, grauen Augen, diesen schmalen, sinnenden Mund ... »Mutter!« schrie er, doch die Sopwith-Camel schmierte schon ab, trudelte immer weiter runter und zerbarst tief unten als kaum erkennbarer roter Punkt.

Zehn Minuten später ist der Spuk vorbei. »Habe gesehen, wie Sie die Sopwith runtergeholt haben«, sagt der Geschwaderkommandant im Vorbeigehen, »dolle Sache das!« Doch Möbitz' Gedanken sind woanders ... Sollte er wirklich ...?

Und rasch kommt die schreckliche Gewißheit. Sein Adjutant bringt ihm die Papiere, die man in der zerstörten Sopwith gefunden hat. Sie sind auf Magda Möbitz ausgestellt. Magda Möbitz ... Und ein Brief war da noch gewesen, angefangen, aber nicht zu Ende geschrieben: »Lieber Dieter, krieg keinen

Schreck, ich fliege jetzt für die Engländer. Wir sind hier ein sehr netter Haufen, und ich habe bereits viel Spaß an der Kampffliegerei gefunden. Mein Junge, trägst Du auch die Wollsocken regelmäßig, die ich Dir ...«

»Scheißkrieg«, denkt Möbitz, doch dann schluckt er die Tränen herunter. »Sie oder ich!«

Und eine Viertelstunde später steigt er schon wieder auf. Dem 63sten Abschuß entgegen ...

Der Freikorps-Roman
Volk ohne Öl

Was bisher geschah: *Wir schreiben das Jahr 1980. Der Aufruf der CDU-Politiker Dregger und Wörner, Deutschland müsse sich notfalls mit der Waffe für seine Öl-Interessen am Persischen Golf einsetzen, zeitigt Folgen. Rund um Schulenburg, einen Ritterkreuzträger aus dem 2. Weltkrieg, hat sich das Freikorps Wörner geschart, sieben Männer, die auf eigene Faust von Fulda aus aufgebrochen sind, um dem deutschen Volk wenigstens eine der lebenswichtigen Ölquellen zu erobern. Ihr Ziel sind die Ölfelder von Sham an der Straße von Hormuz. Um zum Golf zu gelangen, müssen sie die von Nomaden wimmelnde Wüste von Jiwa durchqueren …*

Wir hatten bereits zur Nachtzeit die Zelte abgebrochen und die Kamele gesattelt.

»Dürfte verdammt heiß werden heute«, hatte Schulenburg in seiner knappen Art gesagt, und dann waren wir losgeritten: der grüblerische Roenninghoff, Merkel, der ehemalige Pazifist, der Berliner Sprüchereißer Gnitschke, die unzertrennlichen Brüder Meyer, Meyer Eins und Meyer Zwo, wie Gnitschke sie zu titulieren pflegte, Schulenburg und ich. Und noch ein achter war da, Omar, das arabische Faktotum, dessen durch diverse Lücken verzierte Zahnreihen nun im Licht des untergehenden Mondes schimmerten, als er sein unvermeidliches, bewunderndes »Deutsch gutt« ausrief. Seit Roenninghoff ihm vor zwei Wochen in der Oase Ahwab einen vereiterten Dorn aus dem verlängerten Rücken gezogen und ihm einen der von den Arabern so sehnlichst begehrten Bubble-Gums geschenkt hatte, war der braune Geselle nicht mehr von seiner Seite gewichen, und Roenninghoff hatte ihn gewähren lassen.

Und jetzt ritten wir wieder. Ritten, wie wir es schon seit Wochen getan hatten. Oder waren es bereits Monate? »Fulda!« dachte ich, und für einen Moment huschte eine Erinnerung durch mein Hirn ... Wie uns der Oberbürgermeister Dregger während einer geheimgehaltenen Weihnachtsfeier die Hand gedrückt und wie Wörner jedem von uns einen geweihten Ölkanister um den Hals gehängt hatte ... »Was immer ihr tun müßt«, hatte er noch gesagt, »denkt daran, daß ihr es für Deutschland tut.« Deutschland! Aber für welches Deutschland ritten und litten wir hier? Für das Deutschland der Entspannungsphantasten und Alternativ-Energieler etwa? Für jenes Deutschland, das nichts von uns wissen durfte und wollte? Lohnte es sich dafür überhaupt ...

»Na, Gernhardt – leiden Sie mal wieder unter ideologischen Bauchschmerzen?«

Schulenburgs spöttische Stimme riß mich aus meinen Grübeleien.

»Schätze, wir kriegen Besuch ...«, fügte er überraschend ernst hinzu und zeigte auf eine Staubwolke, die nun rasch näherkam.

»Sieht wie Nomaden aus«, bemerkte Roenninghoff.

»Nomädchen wären mir lieber«, frotzelte der unverwüstliche Gnitschke.

»Scheinen in friedlicher Absicht zu kommen«, riefen Meyer Eins und Meyer Zwo wie aus einem Munde, und schon wollte ich die obligaten Bubble-Gums aus der Geschenktasche holen, als sich Schulenburgs Augen plötzlich verengten.

»Absitzen!« schrie er gepreßt und »Feuer frei!«

Und dann geht alles sehr schnell. Unsere MGs beginnen zu reden, mitten in das »Salaam« des Nomadenführers hinein. Sein Burnus ist auf einmal eine rote, blutige Masse, unendlich langsam, so kommt es mir vor, gleitet er vom Sattel seines Reitkamels, dann fällt er wimmernd in den Wüstensand, umgeben von sich hastig ergebenden Nomaden.

»Schulenburg!« schreie ich. »Sie kamen als Freunde – warum ...«
Doch Schulenburg ist bereits über dem stöhnenden Anführer.
Reißt seinen Bart ab. Ein Milchgesicht kommt zum Vorschein.
Reißt seinen Burnus auf. Zwei Brüste quellen hervor. Wischt
ihm wie rasend die braune Schminke vom Gesicht. Kalmücken-
haft geschlitzte, brechende Augen blicken uns an.

»Politkommissarin Traptzşeva«, sagt Schulenburg hart. »Kenne
sie noch von Minsk her, als sie unsere braven Ukrainer gegen uns
aufwiegelte. Traf sie dann an der FU wieder, wo sie unter dem
falschen Namen Rabehl die Anti-Vietnam-Demonstrationen organisierte. Wußte, daß sie seit geraumer Zeit im Mittleren Osten
die Araber gegen unsere Energieversorgung aufhetzen sollte ...«
Er pfeift durch die Zähne. »Und schauen Sie sich mal diese nied-
liche Empfangsüberraschung an!« Er deutet auf die Hand-
granate, die die Liegende noch fest umklammert hält. »Sie oder
wir!« Er wendet sich kalt ab.

Und auf einmal schnattern die Nomaden alle aufgeregt durcheinander ... Der seltsame »Anführer« habe sich bei ihnen vor
zwei Wochen als Mullah vorgestellt, der sie im Auftrage des
Ayatollah Khomeini in den heiligen Krieg gegen die »Aleman-
nis« führen sollte ... Sie seien ihm blindlings gefolgt ...

»Ayatollah Khomeini!« Schulenburg lacht knapp auf. »Ihr
meint wohl Alexejewitsch Kominski – wie sein richtiger Name
lautet. Hatte bereits die Ehre mit ihm, als er noch Folterchef im
berüchtigten Tscheka-Gefängnis ...« Doch da verstummt er ab-
rupt, wirft einen letzten Blick auf den Leichnam, und plötzlich
sehe ich, wie eine Träne sich zögernd auf seine gebräunte Haut
hinaustastet.

»Aufgesessen!« schreit er gepreßt.

Und wir reiten weiter.

Am Abend kampieren wir bereits am Persischen Golf. Merkel
hatte das Meer als erster gesehen. »Da!« hatte er geschrien,
»Wou? Wou?« hatten Meyer Eins und Meyer Zwo, die unver-

besserlichen Ostfriesen, gebrüllt, und »Bellt hier nicht so rum!« hatte Gnitschke dröhnend gelacht. Doch nun waren die Zelte aufgeschlagen, über einem munteren Feuerchen verbreitete ein Kessel Erbsensuppe heimatliche Düfte, und langsam versammelte sich das Freikorps Wörner in Erwartung des Abendessens um die mit Recht so geschätzte Atzung. Nur Schulenburg fehlte. Saß wohl noch über seinen Aufmarschplänen.

»Wat denn, wat denn – wir sind doch hier nicht bei der Firma Drängelmann und Söhne!« Das war Gnitschke, dem traditionsgemäß die Suppenausgabe oblag. »Is doch für jeden wat da!«

Und bald hatte denn auch jeder sein randvoll gefülltes Kochgeschirr vor sich. Wir aßen schweigend und blickten nur kurz auf, wenn Gnitschke sein obligates »Jefräßige Stille« und Omar sein näselndes »Deutsch gutt« ausstieß.

Und dann starrten wir noch eine Weile sinnend in das Feuer.

»Zu Hause feiern sie Ostern«, sagte Roenninghoff nachdenklich, und auf einmal griff Meyer Zwo zu seiner Mundharmonika. »Es ist ein Has' entsprungen ...«, sehnsüchtig klang das alte deutsche Osterlied über den dunklen Persischen Golf, und nach und nach fielen wir alle ein: »... aus einer Wurzel zart ...«

Doch dann war, wie eine Erscheinung, Schulenburgs schmale Gestalt aus der Dunkelheit in unseren Kreis getreten.

»In die Schlafsäcke, Leute! Morgen wird ein heißer Tag! Gnitschke und Gernhardt beginnen mit der Zeltwache, die Ablösung erfolgt wie gewohnt. Gute Nacht!«

Gnitschke hatte es sich auf seinem Rucksack bequem gemacht, ich stand gegen den Stamm einer Palme gelehnt.

»Du, Gernhardt ...«

»Ja?«

»Manchmal frage ich mich ...«

Ich ahnte die Frage, die kommen würde. Hatte sie mir ja selbst oft genug gestellt in den letzten Wochen ...

»… is det nich doch ein Wahnsinn, wat wir hier machen? Öl!
Öl! Jibt et denn nischt Wichtijeres als Öl?«
Ich versuchte meine Stimme fest erscheinen zu lassen.
»Schau, Gnitschke – eine Volkswirtschaft ist wie der menschli-
che Körper. Und so ein Körper braucht Luft …«
»Braucht er, klar!« bestätigte Gnitschke.
»… und wenn dir nun einer die Hände um die Kehle legt, um
dir die Luft abzudrehen …«
»Mann – der Kerl, der könnte wat erleben!« polterte es aus
Gnitschke, »dem würd' ick …«
»Öl«, fahre ich fort, »ist die Luft unserer Volkswirtschaft. Des-
halb sind wir hier. Damit Deutschland atmen kann. Und
Deutschland muß atmen können, Deutschland ist …«, ich suche
nach einfachen Worten, doch zu meiner Überraschung fällt mir
Gnitschke ins Wort, Gnitschke, der Unstudierte, Gnitschke, das
Berliner Schandmaul: »Deutschland is die Lunge det freien We-
stens. Und wenn die nich mehr funzionalisiert – oder wie det
heißt, der olle Gnitschke kennt sich da nich so aus – denn …«
Und er macht die Bewegung des Halsabschneidens.
Ich nicke und drücke ihm die Hand.
»Aba«, fährt er fort, »warum wissen det nur so wenige? Warum
sind wa hier nur sieben und nicht siebzigtausend Mann? Warum
schweigt die Heimat – außer Dregger, Wörner und ein paar an-
deren Durchblickern? Warum …«
Ein Geräusch läßt uns herumfahren. Hinter uns steht Schulen-
burg. »Schlaf dich mal aus, Gnitschke. Ich übernehme deine
Wache. «
»Aba …«
»Nichts aber! Bist ein feiner Kerl, Gnitschke! Und nun hau
dich in die Falle!«
»Ja, wenn det ein Befehl is …«
»Ist ein Befehl!« Und Gnitschke zieht ab. Schmunzelnd
schauen wir ihm nach.

Wir hatten schon eine Weile schweigend nebeneinander gestanden, als Schulenburg plötzlich zu reden begann: »Scheiß Ölkrieg!«

Überrascht blicke ich ihn an. Habe ich richtig gehört?

»Scheiß Ölkrieg, werden sie in der Heimat sagen und uns fallen lassen wie eine heiße Kartoffel, falls irgendwas schiefgeht, die Herren Politiker. Mit dem Völkerrecht werden sie uns kommen. Uns der Aggression gegen die Araber beschuldigen. Als ob die Araber ein Volk wären! Es sind prächtige Kerle – aber wie Kinder. Geben Sie dem Araber eine Handvoll Kamelmist und einen Bubble-Gum, und er wird den Tag selig kauend unter einer Palme verbringen. Mañana – Gott will es so. Öl? Der Araber braucht kein Öl. Der weiß nicht, was das heißt: Heizölkosten. Benzinpreise. Zuwachsraten. Nein – wir kämpfen hier nicht gegen die Araber. Wir kämpfen hier gegen den, gegen den wir uns schon immer zur Wehr setzen mußten. Den, der uns 1940 den Zutritt zu den Ölfeldern von Baku verwehren wollte, den, der uns 1945 die schlesischen Kohlegruben raubte, den …«

»… ewigen Russen«, will ich ergänzen, doch Schulenburg fällt mir ins Wort:

»Gernhardt, wissen Sie eigentlich, warum Merkel bei uns mitmacht? Er hat es mir mal erzählt: Es war 1976, an einem dieser verkehrsfreien Sonntage. Merkel lebte damals noch mit seiner alten, schwachen Mutter zusammen. Und die bat ihn, ihr eine Flasche Bier vom Kiosk an der Ecke zu holen, sie verdurste sonst glatt. Merkel wirft sich also in seinen Wagen, will zum Kiosk – doch er kommt nicht weit. Polizei hält ihn auf – Fahren ohne Sondergenehmigung. Na, und bis Merkel all diese Formalitäten hinter sich hat, bis er mit der Flasche Bier ins Zimmer seiner Mutter stürmt, da …« Er schluckt. »… da ist die alte Frau glatt verdurstet. Verdurstet, bloß weil am Persischen Golf irgendwo ein von Russen aufgehetzter Ölscheich uns den Ölhahn abgedreht hat … ja – so wurde aus dem Pazifisten Merkel …«

»... ein ölbewußter Deutscher!« ergänze ich, und Schulenburg nickt.

In Gedanken verloren schauen wir über die Bucht, und plötzlich erblicke ich sie: winzig kleine Lichtpunkte am anderen Ufer.

»Die Ölfelder von Sham«, sagt Schulenburg, der meinem Blick gefolgt ist. »Morgen geht's ran. Ich hab' es den anderen verschwiegen. Sollten noch mal eine ruhige Nacht haben. Gilt übrigens auch für Sie, Gernhardt. Schlafen Sie – ich übernehme Ihre Wache!«

Sein Ton ist so bestimmt, daß ich keinen Protest wage. Zögernd wende ich mich zum Gehen, doch dann stelle ich sie noch, die Frage, die mich den ganzen Tag gequält hat ...

»Schulenburg ... «

»Ja?«

»Wieso haben Sie den vermeintlichen Nomadenführer eigentlich so ohne weiteres als Politkommissarin erkannt? Ich meine ...«

Ich verstumme, und als Schulenburg antwortet, ist seine Stimme rauh.

»Gernhardt – wenn Sie mal älter sind, werden Sie es auch erfahren: Ein Mann wird eine Frau, die er einmal geliebt hat, überall und immer wiedererkennen können – in jeder Verkleidung dieser Welt. Doch nun gehen Sie endlich« – er stöhnt es fast –, »schlafen Sie sich aus, Menschenskind! Deutschland braucht Öl, und wir erörtern hier Weibergeschichten!«

»Ja«, denke ich, als ich auf das Zelt zugehe, »Deutschland braucht Öl. Und morgen ... Was mag der morgige Tag bringen?«

In der Ferne bellte ein Schakal, und alles Leid der Welt schien in diesem Bellen zu liegen ...

Hörspiel der 50er Jahre
Blumen – was ist das?

Hallende Schritte, die langsam näher kommen.

DER ALTE MANN: Einmal, da gab es Blumen ...

DAS KIND: Blumen – was ist das?

DER ALTE MANN: Ich erinnere mich nicht genau, aber ich weiß, daß es einmal Blumen gab, damals am Teich, den ich mit Silke entlanglief an jenem heißen Sommerabend ...
Leises Plätschern, laufende Schritte, Gelächter von zwei Stimmen, einer mädchenhaften und der eines Jungen.

DER JUNGE: Gib's her! Gib's her! Das gehört mir!

DAS MÄDCHEN: Hol's dir doch!
Es lacht.

DER JUNGE: So, jetzt hab ich dich! *Keuchend* Gib es her, sonst tu ich es!

DAS MÄDCHEN *lachend*: Das glaub ich nicht!

DER JUNGE: Brauchst ja nicht zu glauben. Ich tu es trotzdem.

DAS MÄDCHEN: Gib doch nicht so an! Du tust es nicht, das weißt du doch! Du wirst es nie tun.

DER JUNGE: Warum?

DAS MÄDCHEN: Weil du genauso bist wie die anderen.

DER JUNGE *leise*: Wie welche anderen?

DAS MÄDCHEN: Na, wie mein Onkel etwa, wie Harald, wie Tom ...

DER JUNGE: Ich bin anders als sie. Ich werde es tun.

DAS MÄDCHEN: Nein!

DER JUNGE *schreiend*: Doch!

DAS MÄDCHEN: Nein!

DER JUNGE: Doch, doch, doch!
Das Mädchen lacht, eine laute Welle bricht sich, aus dem Hall die Stimme des alten Mannes.

DER ALTE MANN: Ja, damals! Wir waren so jung und sprangen durch die Blumen.

DAS KIND: Was ist das – Blumen?

DER ALTE MANN: Ich wünschte, ich könnte es dir erklären. Blumen ... Sie sind wunderschön, sie wachsen auf langen, saftigen Stengeln. Jetzt erinnere ich mich ... Es gibt mehrere Sorten ... Veilchen ... Primeln ... Gladiolen ... Gladiolen ...

Leises Stimmengewirr.

EINE FRAUENSTIMME: Gladiolen! Wie lieb von dir!

DER JUNGE MANN: Sie gefallen dir?

DIE JUNGE FRAU: Sehr! Wie die Farben glühen ...

DER JUNGE MANN: Ja, heute ist ein Festtag, heute können wir uns mal was leisten ...

DIE JUNGE FRAU *ängstlich*: Wieso?

DER JUNGE MANN: Nun freu dich doch lieber, daß wir uns mal was leisten können, und frag nicht wieso und weshalb! Ich habe es eben getan, und es hat geklappt ... Wie siehst du mich denn an?

DIE JUNGE FRAU: Ich ahnte es ... Ich ahnte es schon seit Wochen, daß du es einmal tun würdest ... O du *Schluchzend* O du!

Papier wird zerknüllt, dann zerrissen. Hastige Schritte, die sich durch das Stimmengewirr entfernen.

DER JUNGE MANN: Bleib doch, bleib doch ... Was soll denn das?

Sein Rufen wird schwächer, die Stimmen schlagen über ihm zusammen ... Im Hall. Bleib doch. *Normal.* Bleib doch!

DER ALTE MANN: Bleib doch! sagte ich ihr, doch sie war fort, und ich stand da mit den Blumen ...

DAS KIND: Was sind Blumen?

DER ALTE MANN: Sie können so vieles sein. Damals waren sie für mich Zeichen verlorenen Glücks, das ich zu bewahren trachtete, doch sie welkten, Blatt fiel um Blatt, während die Uhr in meinem Zimmer tickte und ich den Strauß betrachtete ... Das Ticken einer Uhr, immer wieder von dumpfen Aufschlägen unterbrochen.

DER JUNGE MANN: Blatt fällt um Blatt.

Ein Aufschlag, der verhallt.

DER ALTE MANN: Blatt fiel um Blatt, schließlich war die Blume entblättert ...

DAS KIND *weinend.* Was ist das: eine Blume?

DER ALTE MANN: Nun wein doch nicht, schau, ich erkläre es dir doch ... Eine Blume, das ist eine Verheißung ... Und nie sind Blumen verheißungsvoller als im Krieg. Da sah ich einmal eine ... Wir rückten gerade vor ... nein, nicht ich sah sie, Erwin erblickte sie zuerst ...

Im Hintergrund MG-Geknatter.

ERWIN: Und dann hast du es getan, und die Frau türmte? Das glaube ich nicht, dazu bist du nicht fähig.

DER MANN: Doch. Ich hab's getan. Zuerst von vorn und dann von hinten.

ERWIN: Komm, mich brauchst du nicht anzumeiern.

DER MANN: Ich meier dich nicht an!

ERWIN: Na laß mal! Du meierst mich ganz schön an!

DER MANN: Nein ehrlich, du wärest der letzte, den ich anmeiern würde.

ERWIN: Kumpel, erzähl mir nix ... Mensch, ich werd verrückt, da hinten da steht ja 'ne Aster!

DER MANN: Wo? Jetzt meierst du mich an!

ERWIN: Nee, Kumpel, schau mal gradaus, da hinten, siehst du sie nicht, die blaue Aster?

DER MANN: Nein. Ich sehe keine Aster. Und wenn hier einer ein Anmeierer ist, dann bist du das!

ERWIN *leise*: So, du hältst mich für einen Anmeierer, was? So was hört Erwin nicht gern ... So was hört er sehr ungern ...

Du glaubst nicht, daß da eine Aster steht? Paß auf, ich hol sie!

DER MANN: Erwin, Mensch, bleib in Deckung, das ist ja Wahnsinn ...

Eine Detonation.

DER MANN *schreiend*: Erwin, Erwin!

Detonation verhallend.

DER ALTE MANN: Dann lag er da ... tot ... Die eine Hand krampfhaft geschlossen ... Ich öffnete sie ... In ihr lag eine kleine blaue Blume.

DAS KIND *schluchzend*: Was ist eine Blume?

DER ALTE MANN: So sei doch still! Blumen, ja was sind Blumen ...

Das Kind weint, während der alte Mann weiterspricht.

Schau, die Sonne ... Sie ist rund und gelb ... Es gibt auch solche Blumen ... Sonnenblumen ... Sie umstanden das Haus, in dem ich Silke ein letztes Mal klarzumachen versuchte, warum ich es getan hatte, tun mußte. Es war Frühling ... ein Kuckuck rief ...

DIE ALTE FRAU: Der Kuckuck!

DER ALTE MANN: Lenk nicht ab! Hast du jetzt begriffen, warum ich es tat?

DIE ALTE FRAU: Nein. Wovon sprichst du denn?

DER ALTE MANN: Von jenem Vorfall, nach dem du wegliefst, und ich stand da mit den Gladiolen ...

DIE ALTE FRAU: Ich dachte, du sprachst von jenem Nachmittag, als wir am See entlangliefen und du es zurückhaben wolltest.

DER ALTE MANN *seufzend*: Es hat keinen Sinn mehr! Wir reden aneinander vorbei. Ich hätte es wissen müssen! Ich hätte gar nicht erst kommen sollen ... Wir haben uns nichts mehr zu sagen ...

Ein Kuckucksruf, der in Hall übergeht.

DER ALTE MANN: Und dann verließ ich sie. Ich warf noch einen Blick auf das Häuschen, auf die Sonnenblumen, die es umstanden, und auf die Vögel, die zwischen ihnen hin und her flatterten, und dann ging ich. Weißt du jetzt, was Blumen sind?

DAS KIND *zögernd*: Jaa ... Ich glaube ... aber was sind Vögel?

DER ALTE MANN *leise*: Vögel ... Vögel ... ja, was sind Vögel? Ich will versuchen, es dir zu erklären. Schau, ein Vogel, das ist ein ... Nein, das ist nicht deutlich genug, Vögel sind ... ja, schau dorthin, was da in der Luft fliegt, das sind Vögel.

DAS KIND: Ach so, diese Piepmätze sind Vögel?

DER ALTE MANN: Was denn sonst? Und jetzt komm, wir müssen jetzt weiter ...

Schritte, erst normal, dann im Hall, sie werden immer leiser, Ende.

Verschenktexte der 70er Jahre
Ich bin ein Mann – hilf mir,
ein Mensch zu werden

Elf Gedichte einer Liebe
von Florian Freyer

Rechenarten

Als ich noch
zurechnungsfähig war,
war ich
berechnend.

Du kamst und
schenktest.
Ich rechnete dir das
hoch an.

Du bliebst und
gabst.
Ich begann, damit
zu rechnen.

Als du dir
dein Recht nahmst,
da rechnete
ich auf.

Du gingst,
ohne abzurechnen. Seither
bin ich nicht mehr
zu Rechnungen fähig:

Ich bin ein Mann,
hilf mir, ein Mensch zu werden.

Als ich dich
traf,
fühlte ich mich
nicht getroffen.
Seit du weg
bist,
betrifft
mich das.

Lieben heisst
das
Rechnen verlernen:

Eins plus Eins gleich Eins
Eins minus Eins gleich Zwei
Eins mal Eins gleich Unendlich
Eins durch Eins gleich Glücklich.

So viel zu tun:
In den Museen warten Bilder auf mich
In den Bibliotheken warten Bücher auf mich
In den Kinos warten Filme auf mich

In den Cafés warten Menschen auf mich:
Ich hätte so viel zu tun.

In meinem Zimmer warte
ich auf dich.

Ich Du Wir

I   rrsinn
C   haos
H   altlosigkeit

D   auer
U   marmung

W   ärme
I   ntensität
R   uhe

Ampel

Als mich das
Lächeln
deiner roten Lippen
das erste Mal
traf,
habe ich nicht
richtig geschaltet.

Heute erst weiß ich,
daß sie mir
grünes Licht
gaben.

Ich schaue dir zu,
wie du Tee
bereitest.
Wie du die Kanne mit
kochendem Wasser
anwärmst.
Wie du es
ausschüttest
und den Tee
hineintust.
Wie du ihm Zeit läßt,
sich zu entfalten,
bevor du
zum Wasser greifst.

Und ich fühle,
wie ich mich selber
entfalten könnte,
durch deine Gegenwart,
durch deine Sorgfalt,
durch deine Wärme,

Wenn ich mir nur die Zeit nähme.
Und wenn du mir die Zeit gibst.

Ich gebe dir
einen Schlüssel
für mein
Zimmer.
Ich weiß,
daß du ihn
nie
benutzen müssen wirst,
weil ich
immer
da sein werde,
wenn du kommst.
Aber ich fühle, daß
mein Zimmer
seither
unser Zimmer
ist.

Das Elektrizitätswerk
wird Augen machen,
wenn es versucht,
mir für den letzten
Monat
die Rechnung
zu präsentieren:
Nie ferngesehen,
in deinen Augen sah ich mehr.
Nie Radio gehört,
deine Augen waren beredter.
Nie Licht gebraucht,
deine Augen strahlten so sehr.

Katze in Pflege

Ich rief
deine Katze
Sie kam nicht

Ich befahl
deiner Katze
Sie gehorchte nicht.

Ich schrie
deine Katze an
Sie wandte sich ab.

Ich lockte
deine Katze
Sie blieb weg.

Erst als ich schwieg
vermochte ich zu hören:
Das Locken deiner Katze
Das Rufen deiner Katze
Das Fordern deiner Katze
Das Schnurren deiner Katze –

Nun habe ich dir
so viel
zu erzählen.

Am Morgen in deiner Straße

Dein Bäcker
lächelt mich an.
Deine Gemüsefrau
lacht mir zu.
Dein Zeitungsmann
winkt strahlend.
Deine Blumenfrau
wünscht mir einen guten Tag

Wie mürrisch dein Postbote!
Hatte er heute keinen Brief für dich?

Presse der 8oer Jahre
Das Quadrat und die Frauen

Die Nachricht:

```
epz 180 191280 apr 80 vvvg
lrf 112 ab
dpa  (rg)

wissenschaftler des instituts fuer grundlagen-
forschung in muenchen haben in reihenversuchen mit
weiblichen testpersonen herausgefunden, dass frauen
keine quadrate zeichnen koennen. eine erklärung fuer
diese bisher unbekannte tatsache ...


-----                                              .
```

Die Kommentare:

FrankfurterRundschau

Frauen, hört man, können keine Quadrate zeichnen. Ja und?
Anstatt – wie es geschehen ist – schadenfroh auf diese Nachricht
zu reagieren, sollten wir Männer uns doch lieber fragen, wohin
wir es mit unserer Fähigkeit, Quadrate zu zeichnen, eigentlich
gebracht haben. Haben wir diese uns allen anvertraute Erde in
den Jahrtausenden, in denen ihre Geschicke vom Patriarchat ge-
lenkt wurden, nicht an den Rand des Abgrunds geführt? Ist es
nicht fünf vor zwölf? Strotzt der Erdball nicht von den schreck-
lichsten Vernichtungswaffen, die ohne die, allerdings männliche,
Erfindung des Quadrats wohl kaum in dieser Perfektion hätten

entwickelt werden können? Freilich – auch ein Straßburger Münster, ein Dürer, eine Hochrenaissance, alles erwiesenermaßen »Männer«-Leistungen – auch wenn diese Erkenntnis militanten Feministinnen nicht schmecken mag – basieren auf dem Vermögen des Mannes …

… in unserer Männergruppe jedenfalls hat die Nachricht, daß Frauen keine Quadrate zeichnen können, erst echt irritierend gewirkt. Dann aber hat Werner den Vorschlag gemacht, wir alle sollten doch mal angstfrei unsere geometrische Sozialisation einbringen, und da ist uns in sehr intensiven Gruppengesprächen klargeworden, wie sehr …

DIE●WELT

Der Wunschglaube nicht nur der Neurotiker und Chaotiker der linken Szene, sondern auch mancher sich »liberal« gebender Kreise, man könne die natürlich gewachsenen Unterschiede zwischen den Geschlechtern so einfach leugnen, hat durch die Wissenschaftler des ›Instituts für Grundlagenforschung‹ eine nur auf den ersten Blick amüsante Relativierung erfahren. Denn hinter der überraschenden Feststellung, daß Frauen keine Quadrate zeichnen können, steckt mehr als eine nur marginale Korrektur jener Weltverbesserungsutopien, die in den späten 60er Jahren ihren Ausgang nahmen und auf geradem Weg in den Terrorismus führten. Zu Ende gedacht, bedeutet sie nicht mehr und nicht weniger als eine Bestätigung auch und gerade unserer Wirtschaftsordnung. Sie, die sich von Beginn an mit wachem Instinkt weigerte, unsere Damenweit dem fruchtlosen Konkurrenzkampf mit den Männern – zumal im gehobenen Management – auszuliefern, darf heute von sich behaupten, die Zeichen der Natur …

Brigitte

… lassen wir also den Männern ihre Quadrate, und schauen wir uns die Frühjahrsmode auf S. 144–155 an. Kein Zweifel: Die Mode wird wieder normaler. Was wir in diesem Heft zeigen, wird sicher allen Frauen Appetit machen, denen die Trends des letzten Jahres zu schwer im Magen lagen. Was Brigitte anläßlich …

Kompliment, meine Damen! Zwei Nachrichten. Zwei Welten.
Da haben Wissenschaftler herausbekommen, daß Frauen keine Quadrate zeichnen können. Typisch Mann.
Da hat Mutter Teresa den Friedensnobelpreis dafür bekommen, daß sie viele Jahre lang Inderkinder bemuttert hat. Typisch Frau.
Wir meinen: Forschung ist gut. Ohne Forschung kein Fortschritt. Liebe ist besser. Ohne Liebe kein Leben. Frauen kennen es noch, das Geheimnis, wie man Liebe gibt. Das ist wichtiger als alle Quadrate der Welt. Danke, Mutter Teresa!

DER SPIEGEL

»Na denn Prostata!« hatte sie anläßlich des Bundespresseballes noch im Kreise schwofender Chauvinisten gescherzt, doch zwei Stunden später kehrte die alberne Alice (35) wieder die schwierige Schwarzer (37) hervor: »Unfug!« Stein des Anstoßes: die ärgerliche Erkenntnis des ›Instituts für Grundlagenforschung‹, daß Frauen keine Quadrate zeichnen können. Ereiferte sich die hochgemute Herausgeberin des eher engstirnigen Emanzenblattes: »Können sie doch!«

Freilich dürfte es der schwadronierenden »Schwanz-ab«-Schwarzer diesmal schwerfallen, die Erkenntnisse des Instituts allein durch verbale Kraftakte zu widerlegen. Stützen sie sich doch auf Untersuchungsmethoden, die kratzbürstiger Krittelei wenig Handhabe liefern: Ein repräsentativer Querschnitt von drei Frauen wurde – unabhängig voneinander – in einen schalltoten, lichtlosen Raum geführt und …

DIE ZEIT

… in das fruchtlose Lamento all jener einzustimmen, die da mit Erwin Morgennatz meinen, »daß nicht sein kann, was nicht sein darf«. Wäre es nicht sinnvoller, die Erkenntnis des ›Instituts für Grundlagenforschung‹ nicht als Cannae, sondern als Rubikon des Feminismus zu werten? Eines, mit Montesquieu zu reden, »wohlverstandenen« Feminismus, der über den »astra« nicht vergißt, wie viele »asperas« der Mann im Laufe leidvoller Jahrtausende zu durchqueren hatte, bis er schließlich Quadrate zeichnen konnte?

So viel zumindest scheint festzustehen: Eine Frauenbewegung, die, entgegen wissenschaftlich gesicherten Fakten, weiterhin dem Prinzip des schieren Voluntarismus huldigt, wird ihre Anhängerinnen früher oder später in ein Valmy hineinführen, das sich als äußerst zweischneidige Medaille entpuppen könnte. Zumal in einer Welt, in der nur Realitätstüchtigkeit und Augenmaß eine Gewähr dafür bieten, daß dem über uns schwebenden »Hi Roshima« nicht ein schreckliches »Hi salta« folgt, welches dann freilich die Unterschiede zwischen Männern und Frauen in einer Weise nivellieren dürfte, die auch hartgesottenen Suffragetten …

Während die bürgerliche Presse also wieder einmal in gewohnter Unverbindlichkeit die Tatsache verzeichnet, daß Frauen keine Quadrate zeichnen können, bleibt das »Warum« wohlweislich ausgespart. Wer hat denn die Frauen jahrtausendelang in die drei Ks – Kirche, Küche, Klappsarg verbannt? Wer hat ihnen jahrhundertelang den Zutritt zu den Volkshochschulen verwehrt? In seinem gleichnamigen Drama läßt Goethe, auch er ein Mann, den Faust gleich Theologie, Juristerei und Medizin studieren, während das gleichnamige Gretchen weder saubere Reime artikulieren (»Ach neige du Schmerzensreiche«) geschweige denn Quadrate zeichnen kann.
Und hat sich daran etwas bis zu dem heutigen Tage geändert? Kann man denn von der unterbezahlten Fließbandarbeiterin, die nach getaner Arbeit ihre Familie zu bekochen hat, verlangen, daß sie sich anschließend noch hinsetzt und eine so schwierige Wissenschaft wie das Quadratezeichnen studiert? Fortschrittliche Frauen freilich wissen, daß sie nur im Bündnis mit den Massen eines Tages die Voraussetzungen dafür schaffen

können, daß sie auch in der BRD Quadrate zeichnen lernen, etwas, was für die Frauen der Sowjetunion bereits heute ...

Titanic

Liebe Leserinnen,
»Frauen können keine Quadrate zeichnen«, behauptet die Schnarchsackpresse im trauten Verein mit dem ›Institut für Grundlagenforschung‹, und unsere Gewährsfrau Gaby erzählt uns, daß viele Frauen darüber oh so traurig seien. Unser Rat: Nicht weinen, Mädels! Ist doch gelogen! Frauen können nämlich sehr schöne Quadrate zeichnen, wenn sie sich nur etwas Mühe geben. Zumindest kann das unsere Textredakteurin Evamarie Czernatzke:

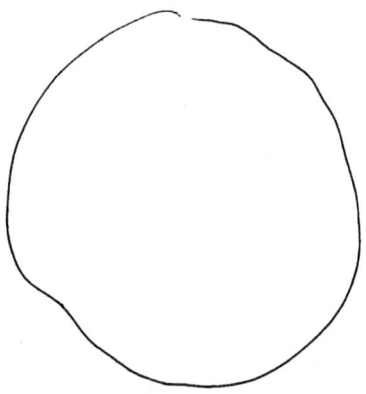

Also Kopf hoch, Schwestern! Alles klar?   Eure Titanic
                                                  (1980)

III

Neuere Zungen

Hugo von Hofmannsthal
Terzinen über die Vergeßlichkeit
nach Kuno von Hofmannsthal

Noch spür ich ihren Dingens auf den Wangen,
Wie kann das sein, daß diese nahen Tage
Dings sind, für immer fort und ganz vergangen?

Dies ist ein Ding, das keiner voll aussinnt
Und viel zu kommnichtdrauf, als daß man klage,
Daß alles gleitet und vornüberrinnt.

Und daß mein eignes ... Na! durch nichts gehemmt
Herüberglitt aus einem Kind? Ja, Kind,
Mir wie ein Hut unheimlich krumm und fremd.

Dann: daß ich auch vor Jahren hundert war
Und meine Ahnen, die im roten Hemd
Mit mir verdingst sind wie mein eignes Haar.

So dings mit mir als wie mein eignes Dings.

Rainer Maria Rilke
Der Tag des Herrn

Und es war Morgen, als die Frau ihn fragte,
Ob er denn wirklich glaubte, was er sagte:
»Nu mal im Ernst – *Sie* sind der Welterlöser?!«
Da schwoll sein Zorn an. Und sein Zorn war größer
Als der auf Satan. Und erheblich böser
Als der von Kain. Schon griff die Hand zum Stößer.
Und fehlte viel nicht, daß der Herr sie schlug,
Die frug.

Und es war Mittag, als der Mann herantrat
Und schmunzelnd um ein Wort von Mann zu Mann bat:
»Darf man beim Barte seiner Mutter schwören?«
Da brach aus abertausend Teufelschören
Solch infernalisch gutgelauntes Röhren,
Daß niemand war, den Spott zu überhören.
Und fehlte viel nicht, daß der Herr den trat,
Der bat.

Und es war Abend, als das Kind ihm zurief,
Indes es armewedelnd auf ihn zulief:
»Guck! Onkel Satan sagt, ich könne fliegen!«
Da sprach er bitter: »Hättest du geschwiegen!
Willst du nicht hier und gleich die Krätze kriegen,
Mußt du zur Strafe zehnmal in die Knie gehn!«
Und fehlte viel nicht, daß der Herr bespie,
Was schrie.

Thomas Mann

»*Vor genau hundert Jahren – 1897 – wurde die erste Novelle Thomas Manns im S. Fischer Verlag veröffentlicht:* Der kleine Herr Friedemann. *Anläßlich dieses Jubiläums haben wir Autorinnen und Autoren zu einem literarischen Spiel eingeladen, das seinen Ausgang bei dem ersten Satz der Geschichte nimmt: ›Die Amme hatte die Schuld‹.*

Welchen Fortgang wird die Geschichte des kleinen Buckligen heute nehmen? Seien Sie dabei, wenn unsere Mitspieler das Staffelholz der Erzählung von Kuli zu Computer, von Faxgerät zu Scanner übergeben, mal elegant-gewitzt und mal mit heiklen Kapriolen kurz vor dem Absturz.«

So zu lesen auf und in dem Fischer Taschenbuch Die Amme hatte die Schuld, *in welchem vier Literatenmannschaften das Thomas-Mann-Motiv innerhalb ihrer Gruppe weiterreichten und variierten.*

Auch ich gehörte zu diesen literarischen Staffelläufern; ich trat im »Zweiten Lauf« mit Burkhard Spinnen, Stephan Wackwitz und Klaus Modick an – mit ihnen, nicht gegen sie, da wir ja eine Mannschaft bildeten, die in der soeben notierten Reihenfolge startete. Die je einzelnen Läufe zeigten die Mannschaftsmitglieder durchaus in Form, die Mannschaftsleistung jedoch ließ zu wünschen übrig, da sich die Laufrichtung von Staffelträger zu Staffelträger beträchtlich geändert hatte.

Daher versuchte ich als Schlußläufer eine entschiedene Rückkehr in Richtung Thomas Mann, Thomas-Mann-Welt und Thomas-Mann-Personal: An einer Trauerfeier für den kleinen Herrn Friedemann ließ ich die Personen aus Thomas Manns frühen Erzählungen nach dem Kleinen Herrn Friedemann *in der Reihenfolge teilnehmen, in welcher sie in der Fischer Taschenbuch Aus-*

gabe Der Wille zum Glück und andere Erzählungen *auftreten: Der Unbekannte ist der Erzählung* Enttäuschung *entlaufen, die Fünfergruppe stammt aus* Der Bajazzo, Tobias Mindernickel *ist der Held der gleichnamigen Erzählung und so fortan. Die Gesunden und die Gebrochenen aus* Luischen, Der Kleiderschrank, Gerächt, Der Weg zum Friedhof *und* Gladius Dei *finden sich nach und nach ein, bis schließlich das umfangreiche Personal der Novelle* Tristan *die Kapelle füllt und – rechnet man den* Kleinen Herrn Friedemann *hinzu – den Geschichten-Zehner vollmacht.*

»Der Lektor hatte die Schuld«, dachte der Reisende im Coupé Erster Klasse des Schnellzugs Frankfurt–Florenz und ließ die Seiten sinken. Was half es, daß sie voll hübscher Einfälle und Ansätze stecken, wenn sich die bisherigen drei Autoren nicht einmal über den Namen des Helden der doch gemeinsam zu verfertigenden Erzählung hatten einigen können? Und was würde es helfen, den zwischen Jan Fredersen, Johann Friedmann und dann wieder Jan Fredersen taumelnden Unglücksknaben zu einer eindeutigen Identität zu verdonnern, zu einer Mischexistenz gar vom Schlage eines »kleinen Herrn Johann Fredersen«, wenn rund um ihn weiterhin peinigendste Doppeldeutigkeit herrschte? War jene Frau, die auf so folgenreiche Weise in das Gehege der Friedemannschen? Fredersenschen? Existenz einbrechen sollte, nun Gerda von Rinnlingen, die Gattin des neuen Bezirkskommandeurs, die Witwe Gunda Lingenring oder die Puffmutter La Lingering?
Der Sinnende, der mit einer behutsamen Festigkeit die Erzählstränge des bisher Geschriebenen prüfte, machte ein sehr, sehr ernstes Gesicht, als er feststellen mußte, daß zwar jeder für sich wohlausgebildet war, von jenem tragenden Gerüst aber nicht

die Rede sein konnte, das allein einen Text im Innersten zusammenzuhalten vermochte. Er reckte sich ein wenig, trat ans Fenster, ließ die Scheibe herab und blickte am Zuge entlang. Droben, an einem der Zweiter-Klasse-Wagen vollzog sich gerade ein lärmender Abschied. Eine Gruppe junger Männer in sportlicher Einheitskleidung brachte vom Bahnsteig aus ebenso jungen und sportlich gekleideten Männern, die aus dem Zuge schauten, ein geräuschvolles »Hipp, hipp, hurra!« dar, das, dreimal wiederholt, nun jenes verlegene Schweigen zur Folge hatte, das die Kehrseite jedweden akustischen Überschwangs darstellt …

»Oder haben die Autoren die Schuld?« fragte sich der Hinausschauende, welcher sich beim Anblick der Sportler des Eindrucks nicht erwehren konnte, ebenfalls an einem Wettkampf teilzunehmen, an einem literarischen Staffellauf, der freilich mangels verbindlicher Regeln und eines energisch dazwischenpfeifenden Schiedsrichters bisher einen recht sonderbaren Verlauf genommen hatte. Da war der erste Läufer flott und frech mit seiner verfremdeten Fredersen-Version gestartet, da hatte der zweite diesen Erzählstab jedoch nicht aufgegriffen, sondern statt dessen einen neuen, autobiographischen Kurs eingeschlagen, der wiederum nichts zu tun hatte mit jenen Abwegen, die den dritten Autor verlockt und den unglücklichen Helden geradewegs ins Bordell geführt hatten. Dieses Etablissement aber lag so weit entfernt nicht nur vom Startpunkt des ersten Läufers, sondern auch vom Ausgangspunkt der ganzen Unternehmung, der hundertjährigen Novelle, daß sich der Reisende ernstlich fragte, ob er seinerseits überhaupt an den vor Monaten leichthin versprochenen Start gehen und das Staffelholz als vierter über jene nicht näher präzisierte Ziellinie tragen könne.

Welches Holz denn? Da jeder der Vorläufer seinen eigenen Kurs eingeschlagen hatte, stellte sich die Situation selbst dem wohlwollendsten Blick so dar, daß da drei Läufer im Gelände standen, jeder ein, sein Holz in der Hand, keiner jedoch im Besitz desjenigen Holzes, das ein halbwegs sinnvolles Finale dieser ausgefallenen Sportübung zu garantieren vermochte. Gab es das überhaupt?

Seufzend schloß der Reisende das Fenster, da fiel sein Blick auf das Fischer Taschenbuch, das der Lektor seinem Anschreiben als Trainings- und Wettbewerbsgrundlage beigelegt hatte. »Der Wille zum Glück und andere Erzählungen«, las er halblaut, und ganz so, als habe sich der Wille, die Unternehmung trotz alledem halbwegs glücklich zu enden, auch seiner bemächtigt, ergriff er das Buch und schlug es ohne langes Suchen dort auf, wo er, einer plötzlichen Eingebung folgend, doch noch ein brauchbares – das einzig brauchbare – Staffelholz zu finden hoffte. Gerade ist der kleine Herr Friedemann unter der Last seiner Liebe vor der schönen Gerda von Rinnlingen zusammengebrochen, worauf sie ihn mit einem stolzen, verächtlichen Lachen zu Boden geschleudert und das Weite gesucht hat, nun liegt der Unglückliche im Wasser. Erfüllt von Selbstekel und dem Wunsch nach Selbstauslöschung, schiebt er seinen Oberkörper ins nasse Element: »Bei dem Aufklatschen des Wassers waren die Grillen einen Augenblick verstummt. Nun setzte ihr Zirpen wieder ein, der Park rauschte leise auf, und durch die lange Allee herunter klang gedämpftes Lachen.«

Der Lesende ließ das Buch sinken. »Ein schöner Schluß«, dachte er. »Aber auch das letzte Wort?« Ein Brief des zweiundzwanzigjährigen Autors an seinen Freund Otto Grauthoff ging ihm durch den Sinn: »Seit dem ›Kleinen Herrn Friedemann‹ vermag ich plötzlich die diskreten Formen und Masken zu finden, in denen ich mit meinen Erlebnissen unter die Leute gehen kann …«

Schwankende, zumindest auslegbare Worte! Seitdem ich den ›Kleinen Herrn Friedemann‹ geschrieben habe? Seitdem ich ihn ins Leben gerufen, ins Wasser geschickt und unter die Erde gebracht – aber halt! Dieser letzten Mühe hatte sich der junge Autor denn doch nicht unterzogen. Hier, so sann der Reisende, galt es, den Stab aufzugreifen und weiterzulaufen, wo, wenn nicht hier. Und während sich der Zug langsam in Bewegung setzte, begann er hastig zu schreiben:

»Die Rinnlingen hatte die Schuld«. – Das jedenfalls war allgemeine Auffassung, als sich die Nachricht vom plötzlichen Tode des kleinen Herrn Friedemann in der alten, kaum mittelgroßen Handelsstadt verbreitete, von grauem Giebelhaus zu grauem Giebelhaus, von Kontor zu Kontor, von Salon zu Salon schließlich. Kaufmann Schlievogt sagte es und Frau Rechtsanwalt Hagenström, Großkaufmann Stephens nickte dazu und Henriette, Pfiffi und Friederike, die Schwestern des unglücklichen Ertrunkenen, wiederholten es, wenn sie sich unbelauscht wußten: »Und dabei wirkte sie doch anfangs wie ein durchaus angenehmer Mensch.« Nur einer wollte von Schuld nichts wissen, als er von der Nachricht erfuhr.

»Ebensogut könnte man behaupten: Das Leben hatte die Schuld«, sagte er, während er zugleich eine Zigarette drehte, seinen Schnurrbart glattstrich und zerstreut das Kleingedruckte der Traueranzeige zur Kenntnis nahm: »Die Trauerfeier findet sonntags um elf Uhr auf dem Hauptfriedhofe statt.«

Daß es die Schicklichkeit gebiete, sich dort zu zeigen, dachte der Jüngling, über den vorerst nicht mehr zu sagen ist, als daß er einundzwanzig Jahre zählte und mangels einer festumrissenen Tätigkeit in der alten, kaum mittelgroßen Handelsstadt lediglich als Sohn einer angesehenen Kaufmannsfamilie bekannt war und allgemein als »der junge Mann« figurierte.

»Ja, da darf ich wohl nicht fehlen«, wiederholte der Lesende halblaut, während ein merkwürdig unpassendes Lächeln über seine Züge glitt, »das gebietet ganz einfach die Schicklichkeit.«

Aber zählte zu deren Geboten auch, sich als erster in der Friedhofskapelle einzufinden? War es so überaus schicklich von dem jungen Mann, den Sarg des Beklagenswerten kaum eines Blickes zu würdigen, sondern, statt einen Platz in der Kapelle einzunehmen, in deren Eingangsbereich stehenzubleiben? Und mußte man es nicht geradezu als unschicklich bezeichnen, daß er in erwähntem Bereich nach kurzem Taxieren hinter einer Holztafel für Mitteilungen des Friedhofsamtes Stellung bezog, einem regelrechten Versteck, von welchem aus er dreierlei würde im Blick haben können: die Ankommenden, das Kondolenzbuch und das Kapelleninnere –?

Hier soll kein Stab gebrochen werden. Konstatieren wir daher nur kurz und scharf eine weitere Befremdlichkeit, die, daß der junge Mann es nicht bei seinem Versteckspiel beließ, sondern, als sich die ersten Trauergäste näherten, zu allem Überfluß ein Schreibheft aus der Tasche seines Paletots zog, kurz dessen Beschriftung »Trauerfeier Friedemann« musterte, worauf er es entschlossen öffnete, um im Laufe der nächsten Viertelstunde so eilig wie unbeobachtet Folgendes mittels eines gutgespitzten, mittelharten Bleistiftes hineinzukritzeln: »Den Anfang machen erwartungsgemäß Familie und Geschäftsfreunde des Verstorbenen, allen voran die Schwestern Pfiffi, Friederike und Henriette, sodann die Kaufleute Schlievogt und Stephens, gefolgt von Frau Rechtsanwalt Hagenström. Aber daß auch Gerda von Rinnlingen sich am Arm ihres Gatten in die Kapelle wagen würde!

Weil sie sich keiner Schuld bewußt ist? Weil dies eine Kategorie darstellt, die sie nicht zu denken, gar zu fühlen vermag? Nimmt samt Gatten links vom Mittelgang Platz, obwohl dort bereits die Familienangehörigen und Freunde sitzen. Seltsam. Zweitens: Ein mir unbekannter Herr, eigentlich recht unpassend gekleidet: schwarzer, steifer Hut, heller Sommerüberzieher und dunkelgestreifte Beinkleider. Zwischen dreißig und fünfzig, könnte Engländer sein ... Wie erklärt sich sein ein wenig blödes

Lächeln? Trägt sich nicht in das Kondolenzbuch ein, nimmt rechts Platz. Ein verschämter Friedhofs- und Zufallsgast?

Zum Dritten: Eine Fünfergruppe. Zwei offensichtlich gutsituierte Männer unterschiedlichen Alters rahmen ein schönes Mädchen, ihnen folgen zwei weitere Männer, kühl und überlegen wirkend der eine, wie ein geprügelter Hund der andere. Die ersten drei tragen sich ein als ›Justizrat Rainer nebst Tochter Anna‹ und ›Assessor Dr. Wilznagel‹. Der Kühle der beiden schreibt ein markantes ›Schilling‹, worauf er die Feder dem Gedrückten weiterreicht, der sie jedoch angeekelt abweist. Weshalb verhält sich diese unglückliche Gestalt auf so lächerliche Weise? Schleicht nach rechts, während die anderen links Platz nehmen.

Viertens: Es kommt noch schlimmer! Ein einzelner Mann, schwarz gekleidet, altmodischer Zylinder, schäbige Beinkleider. Blickt aus entzündeten Augen ängstlich um sich, als er sich einträgt: ›Tobias Mindernickel‹. Sein Gesicht sieht aus, als hätte ihm das Leben mit voller Faust hineingeschlagen … Was hat ihm nur so mitgespielt? Und aus welchem Grund hängt ihm eine Hundeleine aus der Tasche seines altersblanken Gehrocks? Wo ist das zugehörige Tier? Setzt sich ohne Zögern nach rechts.

Fünftens: Welch ein Paar! Sie von ungewöhnlichen Reizen, er ein wahrer Koloß von einem Manne. Tragen sich als ›Rechtsanwalt Christian Jacoby‹ und ›Ehefrau Amra‹ ein, nehmen seltsamerweise nicht gemeinsam Platz, da sie ihm herrisch die rechte Seite zuweist, sich selbst aber nach links wendet. Er folgt ihren Anweisungen mit überfreundlichem Betragen, in fast kriechender Selbstverkleinerung. Wie mag diese Ehe entstanden sein? Den beiden auf dem Fuße folgt eine unangemessen schwatzhafte Corona, die offensichtlich miteinander bekannt ist. Laut Eintrag handelt es sich um ›Alfred Läuter‹, ›Herr und Frau Hildebrandt‹, ›Herr Wendelin (am Lerchenberg)‹ und ›Redakteur Wiesensprung‹. Alle nehmen Platz zur Linken ein, Herr

Läuter wie selbstverständlich neben der ihn erwartungsvoll anlächelnden Frau Amra. Ein Zufall? Nicht vielmehr ein kalkulierter Skandal?

Sechstens: Ein einzelner Herr zwischen fünfundzwanzig und dreißig. Merkwürdigerweise nicht der Jahreszeit entsprechend gekleidet in seinem halblangen, dunkelbraunen Winterüberzieher. Auch er ein Zufallsgast? Ein Reisender in nördlichere oder kältere Gefilde? Ein Kranker? Sein gelblicher Teint und die glühend schwarzen, tiefumschatteten Augen jedenfalls verraten ebensowenig Gutes wie der Name, den er in steiler Schrift ins Buch einträgt ›Albrecht van Qualen‹ ... Wendet sich ohne Überlegen nach rechts.

Siebentens: Ein Jüngling meines Alters, jedoch von extremer Gimpelhaftigkeit, was sich bereits darin zeigt, daß er, statt seinen Namen auszuschreiben, lediglich den Vornamen ›Anselm‹ ins Kondolenzbuch, ja man muß schon sagen, schmiert. Um so korrekter, fast männlich fest der Eintrag seiner Begleiterin: ›Dunja Stegemann‹.

Etwa dreißig Jahre alt, kunstlose Frisur von indifferentem Blond. Schlichtes, dunkelbraunes Kleid. Noch nie eine Frau von so unzweideutiger und resoluter Häßlichkeit gesehen ... Was mag die beiden verbinden, den ansprechend aussehenden Gimpel und die Häßliche? Verwandtschaft? Freundschaft? Gar mehr ...? Oder gar nichts mehr, da sie sich nach kurzem Zögern nach rechts verfügt, er dagegen links Platz nimmt?

Achtens: Welch ein Wiedersehen! Den hätte ich zuletzt hier erwartet. Auf dem Weg zum Friedhof bereits war er mir aufgefallen, der Mann unbestimmten Alters, schwarz gekleidet, wie es sich für den Friedhofsgang schickt. Klappkragen, dürrer Hals, ein seltenes Gesicht, das man nicht so schnell vergißt ... Und dann sein Streit mit dem Radfahrer, ob der denn den Weg zum Friedhof befahren dürfe, das unwürdige Gerangel der beiden, das immer haltloser werdende schimpfliche Geheul des Älteren!

Den hatte doch zu schlechterletzt ein Sanitätswagen abgeholt – ob die Uniformierten zur Zeit draußen warten? Ob er ihnen entkommen ist? Ohnehin ein würdiges Pendant zu Tobias Mindernickel, trägt sich der Schwarze mit einem unüberbietbar unwürdigen ›Lobgott Piepsam‹ ein und nimmt in leicht gekrümmter Haltung rechts Platz.

Neuntens: Eine Dreiergruppe, wie sie unterschiedlicher nicht gedacht werden kann. Den Anfang macht ein Mann mit kurzem, braunem Vollbart und blanken Augen von ebenderselben Farbe. Augenscheinlich gutsituiert und von distinguierter Kleidung, wirft er ein schwungvolles ›M. Blüthenzwei‹ aufs Papier. Ihm zur Seite ein massiges, übergewaltiges Etwas, eine ungeheuerliche und strotzende menschliche Erscheinung. Fransenartiger Seehundsschnauzbart, kleine Elefantenaugen, ungelenke Handschrift: ›Krauthuber‹. Aber der dritte erst! Trägt statt eines Huts die schwarze Kapuze seines Mantels über den Kopf gezogen, die nun seine niedrige, eckig vorspringende Stirn und das bleiche Gesicht beschattet. Welcher Gewissensgram, welche Skrupel und welche Mißhandlungen seiner selbst haben diese Wangen so auszuhöhlen vermocht? Malt in großen Lettern ein herrisches ›Hieronymus‹ hin und wendet sich – erwartungsgemäß? – nach rechts, während seine Gefährten sich bereits – wie selbstverständlich? – links niedergelassen haben.

Zehntens: Wiederum welch gemischte Gesellschaft! Wie lebendig die einen, wie leidend die anderen. Welche Lebensform mag sie zusammengeführt haben? Familie? Beruf? Krankheit? Jedenfalls machen drei Doktoren den Anfang. ›Dr. Leander‹, ›Dr. Müller‹ und ›Dr. Hinzpeter‹, die sich, fast schriebe ich ›selbstverständlich‹, nach links verfügen. Beinahe gleichauf mit den drei Herren eine resolute Frauensperson mit zwei runden, karmesinroten Flecken auf den Wangen und entsprechend fanatischer Schrift ›Frl. von Osterloh‹. Nach links, wohin sonst. Sodann ein erschreckendes Paar, die finstere Gestalt einer Frau ge-

stützt von einer zweiten, offensichtlich der Pflegerin. Sie ist es
auch, welche die Eintragung vornimmt, zu der die Finstere
wohl nicht mehr in der Lage ist: ›Höhlenrauch, Pastorin‹. Führt
die Verwirrte nach rechts.

Fast hat es den Anschein, als seien das die letzten Trauergäste
gewesen, da betreten noch drei weitere Gestalten die Kapelle.
Ein Ehepaar macht den Anfang, er mittelgroß, breit, stark und
kurzbeinig, volles rotes Gesicht mit wasserblauen Augen und
englischem Backenbart. Sie jung, hold, veredelt, entrückt, ja un-
stofflich. Unsäglich zartes Köpfchen, blaues Äderchen über
dem Auge, eine derart ätherische Person, daß der Gatte gut dran
tut, ihr die Mühsal des Eintrags abzunehmen, indem er ein bie-
deres ›Großkaufmann A. C. Klöterjahn nebst Gattin Gabriele‹
ins Buch einträgt. Sie betreten die Kapelle Arm in Arm, bleiben
dann jedoch im Mittelgang stehen, wo das mittlerweile bereits
bei Paaren fast Erwartbare sich erneut vollzieht. Sie drückt dem
Gatten wie abschiednehmend die Hand und nimmt rechts
Platz, er wendet sich anstandslos zur Linken. Aus rehbraunen,
blanken Augen betrachtet der dritte und endgültig letzte Trau-
ergast diese Szene, ein Brünetter Anfang der Dreißiger, statt-
liche Statur, ein wenig gedunsenes Gesicht ohne die Spur ir-
gendeines Bartwuchses. Füße von seltenem Umfang, farbig
punktierte Weste. Schon setzt Orgelspiel ein, warum zögert dieses große Kind immer noch? Wieso steht er da wie ein kläg-
licher, grauhaariger Schuljunge? Da! Er gibt sich einen Ruck,
trägt ein mir mäßig lesbares ›Detlev Spinell‹ ins Kondolenzbuch
ein und wendet sich entschlossen nach rechts, wo er nach
krampfhaftem Aufatmen direkt neben der Ätherischen Platz
nimmt.

Naturgemäß rechts, denn mittlerweile glaube ich das Prinzip all
der seltsamen Trennungen und Platzwahlen der letzten Viertelstunde begriffen zu haben. Rechts, dort sitzen nach den Geset-
zen der Alliteration die Randfiguren, die Skurrilen ebenso wie

die Gefährdeten, die Welken und die Todeskandidaten, während die Gleichlautung links alle *Lebenstüchtigen* versammelt hat, auf daß der feine Riß, der durch die Menschheit geht, sich wenigstens einmal – und ein für allemal – dem jungen Dichterauge in alter Deutlichkeit klaffend auftue: Hie Bürger – hie Künstler, hie Gesunder, hie Kranker, hie Körper, hie Geist, hie Tat – hie Gedanke, hie die Blonden – hie die –

Aber hier sah sich der junge Mann genötigt, unvermittelt abzubrechen. Mächtiges Aufbrausen kündete das Ende des Orgelvorspiels an, Zeit für ihn, sich schleunigst aus der Kapelle davonzustehlen, wollte er nicht Gefahr laufen, die Trauerfeier für den kleinen Herrn Friedemann miterleben zu müssen. Das aber wollte der Jüngling auf gar keinen Fall. Ihn drängte es, unverzüglich mit der Verwortung des soeben Gesehenen zu beginnen. Oder war »Verwertung« das passende Wort?

»Genug erlebt«, dachte er, indes er das Schreibheft sorgsam in der Tasche seines Paletots verstaute. »Jetzt wird geschrieben! Fünf Novellen müßten aus dem heutigen Stoff ohne Schwierigkeiten herauszuholen sein … Oder gar zehn? Warum denn nicht gleich zehn!«

Gesammelt schloß er die Kapellentür hinter sich, doch als er sie wohlverschlossen wußte, da geschah das gräßlich Unziemliche, daß der junge Mann zwischen all den Gräbern zu jubeln und zu lachen begann, er juchzte vor unerklärlicher Lust, es konnte einem unheimlich zu Sinne werden.

Joachim Ringelnatz
Auf der Fahrt von
Ringel nach Natz notiert

Wie kann eine Stadt nur Zwieback heißen!
Sie heißt auch nicht so.
Heißt Peine.
In die kannst du jahrelang hineinbeißen
und bleibst doch alleine.

Ich muß es wissen.
An Peine
habe ich mir alle meine
Zähne ausgebissen.

Da sind die Straßen so grad,
daß es einen graust.
Und die Häuser wirken so steinern und fad
und unbehaust.
Denn wer ist schon gern Peiner?
Keiner.

Dort lebte ich sieben Jahre lang,
dann ging ich
nach Paris, da fing ich
ein neues Leben an.
Paris, das ist eine große Stadt. Sie liegt an der Seine.
Langsam wachsen sie mir wieder,
die Zähne.

Gottfried Benn
Tu's noch einmal, Benn

Noch einmal treibende Wärme
auf noch einmal fruchtbarem Flor –:
Was brütet das alte Werden
unter den sterbenden Flügeln vor?

Noch einmal wuchernde Keime –:
Im Fokus noch wärmenden Strahls
beginnt noch einmal Vermehrung
erneuten Seins auf Bewährung,
und dann haben wir die Bescherung:
Tausende Nocheinmals.

Der ziemlich arme GB

So viele Räusche getrunken
aus Schale, Becher und Glas.
Durch soviel Leerung gesunken,
stets hat auf dem Grunde gewunken
die alte Frage: Ze was?

Hommage à Nietzsche

Ein kantiger Kopf
Augen
Die ewig flatterten
Sein Mund öffnete sich nicht leicht.
»Wer viel einst zu verkünden hat …«

Kein Plauderer
Nur selten tanzte er.
So saß er in Kehlmanns Ballhaus.
»Die Bergziegen bei Basel haben eine Art
von Stein zu Stein zu springen,
daß einem schlecht werden kann«
Sagte er gern.
Und: »Die Lagerfähigkeit dieses Biers
ist unbegrenzt.«
Oder: »Macht es wie die Eieruhr,
zählt die heitren Stunden nur.«
Kein Drama
Kein Roman
Nur diese Sprüche.
Kaum etwas schriftlich hinterlassen.
Und doch:
Wer einmal
Sei es im Urlaub
Sei es zu Hause einen solchen Spruch gehört hat,
                                                wird ihn
So schnell nicht vergessen.

Georg Trakl

Das Gedicht im Trakl-Ton (Herbst) *war so etwas wie ein veritabler Schülerstreich. Zum mündlichen Abitur hatte unser Deutschlehrer, der Oberstudienrat Adolf Kraus, uns, den Schülern der 13d, zur Aufgabe gemacht, ein Gedicht unserer Wahl auswendig zu lernen. Ich entschied mich für ein Gedicht des von mir sehr bewunderten Georg Trakl:*

Winter

Der Acker leuchtet weiß und kalt.
Der Himmel ist einsam und ungeheuer.
Dohlen kreisen über dem Weiher,
und Jäger steigen nieder vom Wald ...

Mitten im Memorieren aber muß ich mich gefragt haben: Wer wird denn ein Gedicht auswendig lernen, wenn er selbst eins zu dichten vermag? Daher beschloß ich, einen Trakl zu schreiben, mit allen Schikanen, dem trakl-typischen a-b-b-a ebenso wie mit einem ordentlichen Hauch von Verfall, und alles derart haarscharf an der Parodie entlangschrammend, daß der Schwindel nach menschlichem Ermessen nicht auffliegen konnte. Was er denn auch nicht tat: Meinem Vortrag schloß sich nicht nur eine einfühlsame, vielstimmige Interpretation an, sondern auch ein eindringlicher Vergleich dieses Gedichts mit einem zuvor gehörten Werk von Weinheber – ein kritisches Abwägen zweier Kunstwerke, das ganz und gar zu »Trakls« Gunsten endete.

Im Trakl-Ton (Herbst)

Die Pendel brauner Uhren nicken leise.
Der Abendmond verläßt sein bleiches Bett.
Ein Jäger einsam bei dem Hasel steht.
Die schwarzen Vögel ziehen leichte Kreise.

Gewaltig schlingt der Schlund der Nacht.
Die Häuser wehren sich mit spitzen Zähnen.
Verblaßte Hände, die den Schlaf ersehnen,
Vielleicht, daß in dem Rohr ein Windstoß lacht.

In engen Stuben blinde Kinder singen.
Im nahen Flusse treibt ein toter Hund.
Die Nebel steigen keusch aus feuchtem Grund
Und lassen ein verwehtes Weinen klingen.

Bertolt Brecht
*Die Stürmung der Stadtbücherei
von Fort Worth*

Die Presseagentur Reuter meldet: Etwa
fünfhundert Besucher haben die Stadtbücherei von Fort Worth/Texas gestürmt
und die gesamte Belletristik-Abteilung
verwüstet, da der Disc-Jockey des Lokal-
senders KYNG die gutgemeinte Falsch-
meldung verbreitet hatte, in den Büchern
seien zur Hebung der Leselust Banknoten
als Lesezeichen versteckt worden.

Beim Sender KYNG in Fort Worth gab es einen, den's reute,
daß die Leute immer nur Radio hörten. Daher sagte er: »Leute,
es gibt auch so was wie innere Werte,
ich nenn' euch jetzt mal 'ne ganz heiße Fährte:
In den Büchern der Stadtbücherei von Fort Worth findet ihr Lesezeichen,
mit denen lassen sich alle Außenstände begleichen.«
Diese Nachricht machte ziemlich schnell die Runde.
Sie ging besonders bei den Tramps und den Arbeitslosen von
Mund zu Munde.
Denn die hatten grad Zeit und sagten sich: Anstatt wie die Rat-
ten
hier rumzuhängen, können wir ebenso gut unserer geliebten
Stadtbücherei einen Besuch abstatten.

*Die ihr das lest in eurem Lesezimmer,
denkt nicht: Wie schlimm! Es kommt noch schlimmer!
Bedenkt: Wie schlecht muß es um solche Menschen stehn,
wenn die aus freien Stücken in eine Stadtbücherei gehn!*

Kurz darauf herrschte in der Belletristik-Abteilung schon ein
ziemliches Gewühle.
Die massenhaft eingetroffenen Leseratten nämlich scherten sich
nicht um Tische und Stühle,
sie überprüften ihre Lektüre direkt auf den Regalen,
und diese Untersuchungen führten zu eindrucksvollen Zahlen:
Circa 3000 Exemplare der sogenannten »Schönen Literatur«
lagen schließlich am Boden. Von manchen waren nur
noch Deckel und Rücken übriggeblieben,
den Rest hatten die Literaturforscher aufgerieben,
als sie um die Ehre stritten,
wer Dickens überprüfen dürfe und wer Bulwer-Lytton.

Die ihr das lest in euren Lektüre-Kabinetten,
denkt nicht: Sind die in Texas noch zu retten?
Bedenkt lieber. Was wäre die Folge gewesen,
hätten die die Bücher nicht nur gefleddert, sondern auch
gelesen?

Dann hätten sie womöglich die Gedichte eines Bert Brecht in
die Hände bekommen,
und der hätte die Arbeitslosen ganz schön in die Mangel genommen:
»Anstatt hier die Stadtbücherei von Fort Worth zu versauen,
solltet ihr lieber lernen und den Kommunismus in Texas auf-
bauen.
Sodann in Arizona. Und endlich in den Vereinigten Staaten.«
Und stellt euch vor, diesen Worten wären Taten
gefolgt, weil die Verdammten von Fort Worth eingesehen hätten:
»Der Mann hat ja recht! Nur der Kommunismus kann uns noch
retten!

Kommunismus oder der Tod!
So oder so: Der Westen wird rot!«

> *Ja, da erblaßt ihr vor euren Bücherwänden.*
> *Deshalb lasse ich die Angelegenheit lieber glimpflich enden.*
> *Denn 1994 pflegt man hier auf Erden –*
> *anders als 1934 – die Suppen nicht so heiß zu essen, wie sie*
> *gekocht werden:*

Ich lasse also Brecht unter die Brecht-Leser von Fort Worth treten
und sagen: »Ich hätte gern um etwas mehr Respekt vor der Dialektik gebeten.
Und die lehrt nun mal: Um vom Brecht zu lernen,
muß man sich soweit wie möglich vom Brecht entfernen.
Der Brecht hat die Bücher der Klassiker immer mit großer Sorgfalt gelesen
und ist gerade deshalb nicht vor ebenso großen Irrtümern gefeit gewesen.
Wäre es nicht zur Abwechslung auch mal gutzuheißen,
all die Schriften nicht zu verhimmeln, sondern auf die Erde zu schmeißen?
Macht also ruhig weiter. Die brauchbaren werden das schon überstehn.
Und dann laßt uns einen Whiskey kippen und eine Henry Clay rauchen gehn.«

O-Mei / Aus dem Buch der Windungen
Verzeichnis der Namen

Brecht: Kin
Henscheid: He-hei
Gernhardt: Ge-ga
Goethe: Go-e-te
Klopstock: Og-op
Lessing: Es-ing
Emil Ludwig: Lu
Feuchtwanger: Fe-hu-wang
Ingeborg Bachmann: I-ba

Über das Lachen

Hörend, er solle den Kin-Preis erhalten, sei er zusammenge-
zuckt, räumte Ge-ga ein. »Aber nur für einen Moment«, setzte
er hinzu. »Vergleichend Kins auf dem ganzen Erdball gerühmtes
Riesenwerk mit meinen unscheinbaren, selbst einem Großteil
meiner Landsleute unbekannten Hervorbringungen, hielt ich
mich nicht lange bei dem Gedanken auf, es könne mir als An-
maßung ausgelegt werden, meinen Namen mit dem Kins in Verbindung zu bringen. Wer reizt bei der Hochzeit zwischen einem
Elefanten und einer Maus mehr zum Lachen? Der Bräutigam?
Die Braut? Oder der Priester, der das ungleiche Paar allen Ernstes zu trauen gewillt ist? Die Antwort erscheint mir ne-
bensächlich angesichts der Tatsache, daß es überhaupt was zum
Lachen gibt. Denn da, wo man lacht, bin ich gern dabei. Warum
also nicht auch bei der Kin-Preisverleihung?«

Über den Widerstand

Der Schriftsteller He-hei hielt es für verwerflich, Literatur-
preise anzunehmen, während sein Kollege Ge-ga nichts dabei
fand.

»Indem du dich mit dem Literaturbetrieb gemein machst,
stärkst du ihn«, sagte He-hei.

»Indem ich ihm Geld entziehe, schwäche ich ihn«, hielt Ge-ga
entgegen.

»Indem du einen Preis annimmst, gibst du zu verstehen, welches dein Preis ist«, fügte He-hei hinzu.

»Indem ich jedweden Preis annehme, ganz gleich, wie hoch er
dotiert ist, signalisiere ich, wie gleichgültig mir der jeweilige
Preis und das mit ihm verbundene Geld sind«, erwiderte Ge-ga.

»Indem du es zuläßt, daß dein guter Name mit so etwas Frag-
würdigem in Verbindung gebracht werden darf, wie es ein Preis
ist, schwächst du bei jenen Jüngeren, die zu dir aufblicken, den
Sinn für Richtig und Falsch und damit ihren Widerstand gegen
den Literaturbetrieb«, mahnte He-hei.

»Indem ich ein schlechtes Beispiel gebe, schwäche ich lediglich
ihre Bereitschaft, zu jemandem aufzublicken«, versetzte Ge-ga.

»Damit aber stärke ich ihren Eigensinn, die wichtigste Voraus-
setzung dafür, jedwedem Betrieb Widerstand entgegenzuset-
zen.«

Über die Ausbeutung

Als die Nachricht, er habe den Kin-Preis erhalten, sich herum-
sprach, begegnete Ge-ga einer Bekannten, die ihn zur Rede
stellte: »Findest du eigentlich nichts dabei, einen Preis anzunehmen, dessen Namensgeber des vielfachen geistigen Diebstahls
sowie der intellektuellen und materiellen Ausbeutung ihm
emotional verfallener Frauen überführt ist?«

»Kin war sicher kein Heiliger«, räumte Ge-ga ein. »Aber erstens hat er aus seiner Laxheit in Fragen des geistigen Eigentums nie einen Hehl gemacht. Zweitens hat er den ihm verfallenen Frauen eine Weisheit abverlangt, die sie ohne seinen Hebammendienst vermutlich nie an den Tag gelegt hätten. Und drittens stelle ich es mir riesig vor, wenn einem dieselbe Maus, die man nachts gebürstelt hat, tags drauf kein Drama macht, wenn man weitere Mausis anschleppt, sondern einem, im Verein mit ihnen, ein Drama schreibt. Und wenn das Kind eines solchen Autorenkollektivs denn unbedingt einen Namen haben muß – warum soll es nicht den dessen tragen, der das ganze Mausirudel zusammengeführt und Nacht und Tag bei Laune gehalten hat, weshalb« – doch bemerkend, daß seine Gesprächspartnerin längst das Weite gesucht hatte, bequemte sich Ge-ga zu schweigen.

Als er zum 3. Oktober 1990 gefragt wurde,
was er von Deutschland erwarte und was er
dem vereinten Land wünsche

Deutsche! Frei nach Bertolt Brecht
rate ich euch, wählet recht:

Von den Zielen die wichtigen
Von den Mitteln die richtigen
Von den Zwängen die spärlichen
Von den Worten die ehrlichen
Von den Taten die herzlichen
Von den Opfern die schmerzlichen
Von den Wegen die steinigen
Von den Büchern die meinigen.

Ernest Hemingway
Hat die Literatur Folgen?

I

Ich hatte gar nicht die Absicht gehabt, das Buch zu kaufen, doch als ich dann den Stapel im Taschenbuchladen sah, dachte ich, es müßte doch hübsch sein, mal wieder »Fiesta« zu lesen. Das Buch hatte mich mal mächtig beeindruckt, doch da war ich vierzehn gewesen, und nun war ich fünfundvierzig und wußte gar nicht mehr, worum es in dem Buch eigentlich ging, außer, daß da einige tolle Leute zur Fiesta nach Pamplona fuhren und sehr viel feierten und tranken und daß da eine schöne Frau drin vorkam. Ich kaufte das Buch also, und es war noch immer das rororo-Taschenbuch Nummer 5, und ich las gerade im Impressum, daß es 1950 das erste Mal aufgelegt worden war und nun eine Auflage von 548 Tausend Stück erreicht hatte, da berührte jemand meinen Arm.

Es war Carola, eine Frau, der ich mal über den Weg gelaufen war, und als ich sie sah, fiel mir ein, daß Hemingway mal gesagt hatte, er sei jedesmal traurig, wenn er eine Frau sehe, mit der er mal geschlafen hatte, aber eigentlich war das gar nicht Hemingway gewesen, sondern eine Figur, die er sich ausgedacht hatte, in »Der Schnee vom Kilimandscharo«, und wahrscheinlich hatte er das mit der Traurigkeit auch erfunden.

»Na, das ist ja mal ein Zufall«, sagte Carola. »Was machst du denn hier?«

»Ich habe gerade ein Buch gekauft«, sagte ich und zeigte ihr »Fiesta«.

»Hemingway? Ich habe noch nie etwas von Hemingway gelesen.«

Sie war sechsundzwanzig Jahre alt und hielt ein Kinderbuch in der Hand.

»Dafür liest du wohl das da?« fragte ich.

»Nein, das ist für meine Schwester. Sie hat gerade ein Kind bekommen.«

»Reichlich früh für das Baby.«

»Das wird auch mal älter.«

Ich schaute Carola an, doch um ihre Augen standen keine Fältchen, und sie lachten auch nicht, die Augen meine ich.

»Ich muß weiter«, sagte ich.

»Ich komm mit raus«, sagte Carola.

Wir standen noch etwas vor der erleuchteten Buchhandlung und sahen den Leuten zu, die hineingingen und mit Büchern wieder herauskamen. Es war ein Tag vor Weihnachten, und da gingen die Leute in die Buchhandlungen, um Bücher zu kaufen.

»Wie geht denn dein Buch?« fragte Carola.

»Geht riesig. Verkauft sich wie warme Semmeln. Hast du schon mal warme Semmeln gekauft?«

»Nein. Gibts denn überhaupt noch warme Semmeln?«

»Nein«, sagte ich, »nur noch tiefgefrorene.«

»Wird schon werden«, sagte Carola, »ich muß los. Sieht man sich mal?«

Ich zuckte die Achseln, und sie küßte mich auf die Wange, und dann sah ich ihr nach, wie sie sich im Gedränge der Fußgängerzone verlor.

Noch am selben Abend fing ich an, »Fiesta« zu lesen, und ich hatte gleich eine Menge Spaß daran. Ich mochte die Figuren, die Hemingway sich ausgedacht hatte, den Juden Robert Cohn und den Journalisten Jake Barnes, und ich fand diese ganzen Pariser Bars und Restaurants toll und die Tatsache, daß sie alle beim Namen genannt wurden und kursiv gesetzt waren, das *Restaurant de l'Avenue* und das *Café de Versailles* und das *Foyot* und das *Napolitain* und all die anderen, wo man prima aß und nach

dem Mokka noch mehrere *fines* oder *pernods* trank. Ich rechnete nach, daß Hemingway etwa fünfundzwanzig Jahre alt gewesen sein mußte, als er das Buch 1925 geschrieben hatte, und
ich dachte, daß das ein Alter ist, in dem man noch mächtig stolz
ist, wenn man weiß, was ein *fine* ist, und sich in Paris auskennt,
besonders, wenn man aus Amerika kommt und für Amerikaner
schreibt, die das alles nicht wissen und kennen.

Ich kam so ungefähr bis Seite 17 und las noch gerade, was *pernod* ist, »Pernod ist ein grüner Absinthersatz. Wenn man Wasser
zugießt, wird er milchig. Er schmeckt wie Lakritzensaft«, und
dann legte ich das Buch beiseite, weil ich zu müde war, um wei-
terzulesen, und löschte das Licht, noch bevor Almut von ihrem
Malerinnentreff zurückgekommen war.

2

Am nächsten Tag fuhren wir mit den Katzen nach Göttingen zu
meiner Mutter, um dort Weihnachten zu feiern. In Frankfurt
war es naß und grau gewesen, doch je mehr wir uns Göttingen
näherten, desto weißer wurde die Landschaft. Wir kamen noch
vor Einbruch der Dunkelheit an, und meine Mutter kam im
Küchenmantel aus der Haustür, und dann kamen meine Brüder
und die Frauen meiner Brüder, und wir begrüßten uns alle und
rechneten nach, wann wir das letzte Mal so vollzählig zusam-
mengewesen waren. Wir kamen zu keinem Ergebnis, weil die
Berechnungen so auseinanderlagen, und auch ich konnte mich
nicht mehr erinnern, außer daran, daß ich nur zwei Mal in meinem Leben Weihnachten nicht zu Hause gewesen war. Dann
wurden wir alle zu Tisch gebeten, und es gab Gänsebraten und
Einbecker Pils, und wir stießen alle mit einem *Hardenberger
Doppelkorn* an. Die Gans war erstklassig, sie ließ sich leicht zer-
teilen und war doch fest und fleischig, und wir aßen große

Stücke, weil nach der ersten Gans noch eine zweite kam, und die war genausogut, vielleicht sogar noch besser.

»War das nicht eine verdammt gute Gans?« fragte mein Bruder.

»Waren zwei verdammt gute Gänse«, sagte ich.

»Ist schon ein verdammt gutes Muttchen«, sagte mein anderer Bruder.

»Sagt das eurer Mutter doch auch mal«, sagte die Frau meines Bruders, und als meine Mutter aus der Küche mit neuem Sauerkraut kam, sagten wir ihr: »Bist schon ein verdammt gutes Muttchen.«

Danach gab es noch Walnußeis, und dann wurden die Kerzen angezündet, und es war Bescherung, und ich bekam ein fabelhaftes Buch über Tibet, und wir hatten alle viel Spaß. Dann sahen wir uns im Fernsehen noch drei jüdische Geiger an. Sie spielten etwas von jemandem, dessen Namen ich vergessen habe, ich glaube, es war Vivaldi. Sie spielten fabelhaft zusammen, und wir fanden es alle großartig und wunderten uns nur, warum zwei Geiger standen und einer sitzen durfte, doch beim Schlußapplaus stand auch er auf, und da sahen wir, daß er sich auf Krücken stützen mußte.

Es war spät, als wir in die Zimmer gingen, und als ich im Bett lag, war ich zu müde, um noch in »Fiesta« zu lesen. Ich las nur noch den Text auf der Rückseite des Buches, und da stand, daß die Gestalten Hemingways als Außenseiter des bürgerlichen Lebens, in das der Tod sie wieder entließ, eine die nackten Freuden des Daseins suchende Existenz führen. Ich versuchte, mir die angezogenen Freuden der Innenseiter des bürgerlichen Lebens vorzustellen, aber es ging nicht, und als ich die Augen schloß, ging es immer noch nicht, und ich gab es schließlich auf.

3

Es war der erste Weihnachtsfeiertag, und als ich die *Kaffee-mühle* betrat, saß Günner schon an der Theke und trank ein *Berliner Kindl*. Ich bestellte einen *Edelzwicker* und gab Günner das Buch, das ich ihm versprochen hatte.

»Das ist also dein Buch«, sagte er.

»Ist es.«

»Allzu dick ist es ja nicht.«

»Das liegt am dünnen Papier.«

»Hat wohl kein Geld, dein Verlag.«

»Dickes Papier wäre billiger gewesen.«

»Ach ja? Ist das so?«

»So ist es.«

Wir hatten uns ein Jahr lang nicht gesehen, aber ab einem bestimmten Alter scheint ein Jahr keine besonders lange Zeit mehr zu sein. Wir amüsierten uns jedenfalls glänzend und rollten die ganze Geschichte noch einmal auf, angefangen von der Aufnahmeprüfung in die Oberschule, wo wir wegen der im Alphabet aufeinanderfolgenden Anfangsbuchstaben unserer Nachnamen nebeneinandergesessen hatten, bis hin zum Weihnachtstreff im letzten Jahr.

»Wir hatten eine Menge Spaß, erinnerst du dich noch?« fragte ich.

»Du vielleicht. Ich nicht.«

»Komm! Du hast doch auch ganz schön was weggeschluckt.«

»Bei der Aufnahmeprüfung? Da gab's doch überhaupt nichts zu trinken!«

»Nein, vor einem Jahr.«

»Ach da! Da ja!«

Dann gingen wir zur Kurzen Geismar Straße und suchten nach einem Weinlokal, doch die Lokale waren wegen der Feiertage alle geschlossen, und schließlich landeten wir in der *Jun-*

kernschänke und ließen uns zwei *Elsässer Riesling* bringen.

»Was hast du denn das ganze Jahr über erlebt?« fragte Günner.

»Ich? Jede Menge. Nein, wenig. Ich glaube, nichts. Muß mit dieser verdammten Erlebnisfähigkeit zusammenhängen. Hab immer gedacht, daß die zunimmt. Nimmt sie aber nicht.«

»Was nimmt sie dann?«

»Ab, fürchte ich.«

»Und ob die abnimmt.«

»Dafür nehmen wir zu.«

»Na, du kannst doch nicht klagen.«

»Du doch auch nicht.«

»Und ob ich das kann. Möchte den sehen, der das Klagen verbietet.«

»Verbietet dir ja keiner.«

»Will ich auch keinem geraten haben.«

Wir bestellten noch zwei *Riesling.* Der Ober ließ sich Zeit, obwohl er außer uns niemanden zu bedienen hatte. Es war ein ziemlich leeres Lokal, wenn man mal von Günner und mir absah. Hätten wir nicht dringesessen, wäre es ganz leer gewesen,

»Was machst du denn gerade?« fragte Günner.

»Ich lese Hemingway«, sagte ich, »›Fiesta‹.«

»Ach, ›Fiesta‹!«

»Hast du es damals auch gelesen?«

»Klar. Haben wir doch alle gelesen damals. 53 oder 54. Prima Buch.«

»Ich habs schon 52 gelesen.«

»Ich wahrscheinlich auch. Klassebuch. Worum gehts da eigentlich?«

»Das wollte ich dich gerade fragen«, sagte ich.

»Ich denke, du liest das Buch.«

»Ich habs gerade erst angefangen.«

»Ach so. Ja, das ist doch diese Geschichte mit diesem impotenten Journalisten.«

»Der ist impotent?«

»Kriegsverletzung. Steht doch im Buch.«

»Bin noch nicht so weit.«

»Verdammt gutes Buch. Möchte es nicht noch mal lesen. Muß schlimm sein.«

»Halb so schlimm.«

Um zwölf schloß die *Junkernschänke*, und wir gingen zu *Heinz*, doch der hatte auch geschlossen, und so landeten wir bei Günner, der einen *Müller Thurgau* aus dem Kühlschrank holte und eingoß.

»Ich fürchte, der will nicht aus der Flasche«, sagte er.

»Sieht ziemlich vereist aus«, sagte ich.

»Hätte ihn vielleicht nicht ins Kühlfach legen sollen.«

»Wird schon auftaun.«

Wir warteten darauf, daß der Wein auftaute, und ich schaute mich in der Wohnung um. Es war die Wohnung von Günners Eltern, und an der Wand hing eine gemalte Dschunke, und rechts unter der Dschunke las ich das Wort Ahrens. Ahrens war mein erster Zeichenlehrer gewesen. Ich hatte ihn damals für einen fabelhaften Maler gehalten, doch die Dschunke war ein ziemlich jämmerliches Schiff, eigentlich mehr eine Tuschezeichnung.

»Klassebild«, sagte Günner.

»Man muß sich nur das Schiff wegdenken«, sagte ich.

»Denks mir schon die ganze Zeit weg, doch wenn ich hingucke, ist es wieder da.«

»Was macht denn eigentlich dein Schiff?« fragte ich.

»Hab ich schon lange nicht mehr.«

»Dieses Schiff da wird uns alle überdauern«, sagte ich. »Kunst meint Dauer.«

»Dauers Meinungen können mir verdammt gestohlen bleiben.«

»War nicht so gemeint, alter Junge.«

»Schon gut. Bist ein feiner Kerl.«

Dann sprachen wir noch über Bennecke die Panzersau und darüber, was aus ihm geworden war und ob er noch immer zur See
fuhr. Mein Taxi kam, und wir traten vor das Haus und umarm-
ten uns.

»War ein prima Abend. Hab schon lange nicht mehr so viel Spaß
gehabt«, sagte Günner. »Eigentlich seit der Aufnahmeprüfung
nicht mehr.«

»Wir hätten sie nur nicht bestehen dürfen«, sagte ich.

»Stimmt, das war unser Fehler. Jetzt sitzen wir in der Falle.«

»Sie ist schon teuflisch schlau.«

»Wer?«

»Die Gesellschaft. Duldet keine Außenseiter. Krallt sich bereits
die Zehnjährigen. Müßte eigentlich verboten werden.«

Der Taxifahrer klopfte an die Scheibe.

»Auf Wiedersehn, alter Kerl«, sagte Günner.

»Auf Wiedersehn, mein Junge.«

Als ich nach Hause kam, war ich noch so aufgekratzt, daß ich
noch etwas in »Fiesta« las. Auf Seite 21 trat Brett auf, und auf
Seite 32 wußte ich wieder alles: daß Brett wunderschön war und
in Jake verliebt und er in sie, und daß beide schrecklich unglücklich waren, weil sie nicht miteinander schlafen konnten, all
das. Ich wunderte mich, daß ich das alles so vollständig vergessen hatte, aber man kann wohl nicht alles behalten, und vielleicht ist das auch besser so.

4

Den zweiten Weihnachtsfeiertag über tat ich nichts und kam mit
dem Buch gut voran. Es ging gleich großartig los, mit dem fünf-
ten Kapitel und dem Satz »Am anderen Morgen ging ich den

Boulevard hinunter in die Rue Soufflot, um Kaffee und Brioches zu frühstücken«, und kurz darauf ging man schon zu *Wetzel*, »Man kriegt dort gute Hors d'œuvres«, und dann gings ins *Café de la Paix* zum Kaffee, und abends gings zum Montparnasse. »Das Auto hielt genau vor der *Rotonde*. Ganz gleich, welches Café auf Montparnasse man dem Taxifahrer immer nennt, er fährt einen zur *Rotonde*«, doch Jake ging lieber »hinüber ins *Select*« und dann später noch ins *Dôme* und in die *Lilas* und zu *Cavaigne* und zu *Zelli*, und die ganze Zeit über traf er andere Außenseiter der Gesellschaft und führte mit ihnen diese verdammt coolen Gespräche, bei denen keiner sagt, was er fühlt, sondern immer das Gegenteil, und wenn sie dann auch noch ständig die Personalpronomina verschluckten und »Hör mal, Brett, wollen früh nach Hause gehen« sagten oder auf die Frage »Wo hast du den Hut her« mit »Freund gekauft« antworteten, dann konnte einem das manchmal schon ganz schön auf die Nerven gehen. Aber vielleicht war daran auch Annemarie Horschitz-Horst schuld, die Übersetzerin, die einen »drummer« mit »Trommler« übersetzte und von Buchen behauptete, »ihre Wurzeln bäumten sich über den Boden«, und die den Forellen angelnden Jake sagen ließ »In kurzem hatte ich sechs«. Denn mittlerweile waren Jake und der Schriftsteller Bill schon in Spanien, und bald würde die Fiesta in Pamplona losgehen, und dann wollten sie sich alle wieder treffen, Jake und Bill und Robert und Mike und natürlich Brett, die mir immer besser gefiel wegen der Fältchen um die Augen und weil sie so schön und burschikos und unglücklich war, obwohl sie jeden Mann kriegen konnte, den sie haben wollte. Sie wollte aber nur Jake haben, und wenn der sie küßte, dann zitterte sie. Auch das hatte ich vergessen, aber nun erinnerte ich mich wieder, und ich erinnerte mich auch an andere Sätze aus anderen Büchern Hemingways, zum Beispiel an »Ich tauschte sie ein gegen eine scharfe armenische Nutte«, und daran, daß die »kein Kissen unter dem

Hintern« gebraucht hatte, als sie miteinander schliefen, oder daran, wie die Alte das Liebespaar aus »Wem die Stunde schlägt« nach ihrer ersten Nacht fragt »Hat die Erde gebebt?« und die beiden sagen »Ja.«.

Damals, mit vierzehn, hatte ich das alles wörtlich genommen, das Zittern und das Kissen und das Erdbeben, und später hatte das eine Menge Wirrnis und Enttäuschung zur Folge gehabt, als nicht das Mädchen beim ersten Kuß zitterte, sondern ich, und als ich ein Kissen herbeiholte, das dann gar nicht gebraucht wurde, und als die Erde nicht bebte. Ich finde, jemand sollte mal die wahre Geschichte über die Folgen der Literatur schreiben, auf jeden Fall sollte erstmal das Gewäsch aufhören, das immer verzapft wird, wenn mal wieder die Folgenlosigkeit der Literatur beklagt wird, in Funknachtprogrammen oder in Zeitschriften, oder wo man sonst das Thema »Hat die Literatur Folgen?« breitwalzt.

Am Nachmittag machten wir alle einen Spaziergang zum Elefantenklo, das eigentlich ein Wahrzeichen war und »Bismarckstein« hieß, und dann gab's wieder was zu essen, und dann sahen wir uns im Fernsehen noch einen italienischen Psychothriller an, der aber nicht sehr gut war.

Vor dem Einschlafen las ich noch das siebte Kapitel des Zweiten Buches von »Fiesta«, in dem Jake nicht einschlafen kann und nochmal das Licht andreht und eine Geschichte aus Turgenjews »Aufzeichnungen eines Jägers« liest: »Ich wußte, daß ich mich in meinem überreizten Zustand nach viel zu viel Alkohol auf das jetzt Gelesene in irgendeinem Augenblick mal besinnen und glauben würde, daß mir alles selbst passiert sei.« Ich glaubte Hemingway kein Wort, weil mir so was noch nie passiert war, doch als ich das las, fiel mir ein, daß ich noch nie etwas von Turgenjew gelesen hatte, und ich nahm mir vor, mal etwas von ihm zu lesen.

5

Als wir auf die Autobahn kamen, regnete es noch, doch kurz darauf riß der Himmel auf, und das Grün der Wintersaat glänzte in der Sonne. Bald darauf war alles wieder bewölkt, und der Regen behinderte die Sicht. Wir fuhren immer weiter nach Norden und hörten im Wetterfunk, wie für die nächsten Tage wechselhaftes Wetter und Schauerstaffeln angesagt wurden. Vor Hannover bogen wir in Richtung Braunschweig ab, und hinter Braunschweig hielten wir uns an die Schilder, die Uelzen anzeigten. Wir wollten ins Wendland, wo ich noch nie gewesen war. Mein Bruder hatte dort mit seiner Frau ein Bauernhaus, und nun fuhren wir zu ihnen, um sie zu besuchen. Die beiden waren schon am frühen Morgen losgefahren, um das Haus zu heizen. Je mehr wir uns dem Wendland näherten, desto leerer wurden die Straßen. Es war der dritte Tag nach Weihnachten, und die Geschäfte hatten wieder geöffnet, doch auf den Landstraßen war wenig los. Ich wußte nicht, ob das an der Jahreszeit lag oder ob hier nie viel los war.

»Nicht viel los hier«, sagte Almut.

»Liegt vielleicht an der Jahreszeit«, sagte ich. »Aber vielleicht ist hier auch sonst nicht viel los.«

»Eine abgelegene Gegend.«

»Schöne Bauernhäuser.«

»Finde ich auch.«

Wir waren jetzt schon auf der Straße nach Lüchow, und die Orte hießen Dommatzen und Wittfeitzen und Dickfeitzen und Waddewitz und Meuchefitz und Gohlefanz und Tolstefanz. Wir kamen auch an einem Ort vorbei, der Kröte hieß.

»Der fällt aber aus dem Rahmen«, sagte ich. »Der sollte sich mit Mücke verschwistern oder verpartnern oder wie man das nennt. Könnte das Selbstbewußtsein der Kröter heben oder wie sie heißen.«

Mücke ist ein Ort im Vogelsberg, wo wir einmal durchgekommen waren.

»Kröte und Mücke, das geht«, sagte Almut. »Aber umgekehrt? Würdest du dich als Mücke gern mit Kröte verschwistern?«

»Sind doch nur Orte«, sagte ich.

Wir kamen an, als es zu dunkeln begann, und mein Bruder und seine Frau begrüßten uns, und wir schauten uns das Haus erst von außen an, und dann gingen wir rein und setzten uns an den Kamin. Es war eigentlich gar kein Kamin, sondern ein niedriger Eisenofen, den man öffnen konnte und der, glaube ich, Jefferson-Ofen hieß. Er machte eine prima Wärme, und wir fühlten uns riesig wohl. Wir redeten erst über das Haus und dann über die Malerei. Mein Bruder ist Maler, und wenn wir zusammen sind, reden wir immer viel über die Malerei. Mir fiel ein, daß die Männer, die sich Hemingway für »Fiesta« ausgedacht hatte, nie über die Schriftstellerei redeten, obwohl sie fast alle schrieben. Sie redeten hauptsächlich über Saufen, Frauen, Forellen und den Stierkampf. Auf den ersten Blick schienen sie eine ziemlich abgebrühte Bande zu sein, aber in Wirklichkeit waren sie hochsensible Männer, die sich ständig dafür schämten, daß sie keine richtigen Männer waren wie die Stierkämpfer, sondern nur Künstler: »›Sag ihm, daß ich Schreiben verächtlich finde‹, sagte Bill. ›Los sags ihm. Sag ihm, daß ich mich schäme, daß ich Schriftsteller bin.‹«

Ich hatte auch diese Stelle ganz vergessen, und als ich sie wieder las, wunderte ich mich, daß ich trotzdem immer Künstler hatte werden wollen und nie Stierkämpfer oder Boxer oder Fischer oder sonstwas Handfestes. Ich las weiter, und nun war die Fiesta schon in vollem Gange, und alle zogen dauernd herum, vom *Montoya* ins *Café Iruña* und von dort zum Stierkampf und dann ins *Suizo*, und auf den Straßen drängten sich die Menschen, und überall spielte Musik auf. Und die ganze Zeit über hatten sie diese großen Gefühle, und sie tranken ständig, und die Gespräche wurden immer schlichter, und ich las immer schneller, weil ich merkte, wie auch meine Gefühle immer größer wurden und meine Gedanken immer schlichter und wie es mir immer mehr Spaß machte, so große Gefühle und so schlichte Gedanken zu haben, und wie ich damit begann, alles durcheinander zu bringen, und anfing zu glauben, daß ich schlichte Gefühle und große Gedanken hätte.

Dann kam mein Bruder und sagte, daß das Abendessen fertig sei. Wir aßen eine Riesenmahlzeit und tranken dazu *Wittinger Bier*.

»Bei Paschke ist heute abend Schützenball«, sagte die Frau meines Bruders. »Wenn ihr Lust habt, können wir nachher noch hingehen.«

»Und ob wir Lust haben«, sagten wir.

Wir zogen also nach dem Essen zu *Paschke* und setzten uns an einen Tisch neben der Theke. Der Schützenball fand im Versammlungsraum statt, und durch die geöffnete Flügeltür kamen immer wieder Leute an die Theke, um hier einen *Schluck* zu trinken und dann wieder in den Tanzsaal zu gehen. Schluck ist eine wendländische Bezeichnung für einen klaren Schnaps. Wenn man viel davon trinkt, wird man besoffen. Im Tanzsaal war die Tanzerei schon in vollem Gange, aber es ging noch ziemlich zivil zu.

»Das wird sich im Laufe der Zeit aber noch ändern«, sagte die Frau meines Bruders.

»Hoffentlich«, sagte ich. Ich hatte noch nie einen Schützenball mitgemacht und verband damit nur undeutliche, aber großartige Vorstellungen. Ich sagte das meinem Bruder.

»Was erwartest du denn?« fragte er. »Etwa Exotik?«

»Klar. Exotik und Exzesse und Schlägereien und kollektiven Wahnsinn. So wie bei der Fiesta in Pamplona.«

»Wie kommst du denn darauf?«

Ich erzählte es ihm.

»Warst du denn jemals auf einer Fiesta?« fragte er.

»Ich war überhaupt noch nie in Spanien«, sagte ich.

»Und jetzt bist du im Wendland«, sagte er.

»Offensichtlich.«

Wir schauten auf das Gedränge an der Theke, das immer stärker wurde. Die meisten Männer hatten grüne Uniformen an und trugen Ordensbänder an der Brust. Einer von ihnen, ein großer, älterer Bauer, setzte sich an unseren Tisch.

»Na, Adolf«, sagte die Frau meines Bruders, »wie läuft denn der Ball?«

»Keine richtige Stimmung. Früher, da war was los. Da haben die Leute sich ein halbes Jahr auf den Ball gefreut. Und wenn dann die Blasmusik loslegte, dann ging es aber rund. Aber heute haben sie alle Fernsehen und Disco, und die Kapelle besteht nur noch aus zwei Mann. Ne, da läuft nichts mehr.«

»Aber den Leuten scheint es doch zu gefallen«, sagte Almut.

»Ne, ne, die hätten Sie mal früher sehen sollen.« Er erzählte noch etwas von seinem sechzehnjährigen Sohn, der Rinderzüchter werden wollte und nur Rinderzuchtzeitschriften las und alle amerikanischen Deckbullen auswendig konnte, und dann klopfte er auf den Tisch:

»Viel Spaß noch!«

»Ich kanns nicht mehr hören«, sagte ich.

»Was denn?«

»Dieses früher, früher. Anscheinend komme ich immer zu spät. Als ich 1958 in Berlin meinen ersten Kunstakademiefasching mitmachte, hat man mir das auch schon erzählt: Vor zwei Jahren! Da wurde noch in allen Fluren gevögelt! Da waren alle Ordner noch mit einer Schere und mit Heftpflaster ausgestattet!«

»Warum das denn?« fragte Almut.

»Um die vögelnden Paare zu trennen.«

»Ach so.«

Wir schauten noch eine Weile zu, und als wir gingen, hatte gerade ein Tanz angefangen, bei dem die Paare mit angewinkelten Armen wedelten und dann in die Hocke gingen und im Kreis umeinanderwatschelten.

»Guck mal«, sagte mein Bruder, »da hast du deine Exotik.«

»Das haben wir schon im Kindergarten gemacht«, sagte seine Frau, »das ist der Ententanz.«

»Gott sei Dank«, sagte ich, »die Exotik kann mich mal.«

»Quakquakquak«, sangen die Musiker.

Wir traten auf den dunklen Dorfplatz, der weit war und sandig und baumbestanden, wie alles im Wendland.

»Habe jetzt dein Buch gelesen«, sagte mein Bruder.

»Ach ja?«

»Die Stellen, die in Italien spielen, haben mir gefallen.«

»Spielt doch fast alles in Italien.«

»Ein schönes Land.«

»Ja.«

Als ich dann im Bett lag, mit einem Pullover wegen der klammen Laken, griff ich noch einmal zu »Fiesta«.

Ich mochte den knallgrünen Umschlag nicht und versuchte mich daran zu erinnern, wie der Umschlag vor dreißig Jahren ausgesehen hatte, der von Gisela Pferdmenges und Karl Gröning jr., als noch ein Stierkämpfer draufgewesen war und andere Gestalten, die ich aber nicht mehr zusammenbekam. »Es war der letzte Tag der Fiesta«, las ich und dann, wie alles den Bach runterging, weil Brett mit dem Stierkämpfer verschwand und auch Cohn sich abseilte, weil er sich mit dem Stierkämpfer wegen Brett geprügelt hatte, und wie Bill, Mike und Jake sich mit Absinth vollaufen ließen, das heißt Mike nicht, der war ohnehin ständig betrunken. Nun waren alle restlos unglücklich, aber das waren sie eigentlich schon das ganze Buch über gewesen, und ich fragte mich wieder mal, wo ich eigentlich meine Augen gehabt hatte, damals, als ich das Buch zum ersten Mal gelesen hatte. Mir fiel der Satz ein »Anders liest der Knabe Terenz, anders der Greis«, doch ich erinnerte mich nicht mehr, woher ich ihn kannte. Ich wußte so vieles nicht mehr von dem, was ich mir in den ganzen Jahren in den Kopf gezogen hatte. Eigentlich, dachte ich, müßte man die ganzen Bücher, die man vor dem zwanzigsten Lebensjahr gelesen hat, nochmal lesen, anstatt ständig herumzurätseln, welche frühkindlichen Verletzungen im Lauf der Zeit welche Spätfolgen gezeitigt hätten. Aber dann würde man vor lauter Lesen wohl überhaupt nicht mehr zum Leben kommen. Andererseits, was war das Leben? Mit einer tollen Clique von einem Café ins andere ziehen, im Süden, wo man von großen, heißen Plätzen unter schattige Arkaden trat, um von dort aus den Einheimischen bei ihren Vergnügungen zuzusehen und unheimlich coole Gespräche zu führen. Das muß einem erst mal einer sagen. Darauf kommt man nicht von alleine, und in der Schule lernt man das auch nicht. Mir hatte es Hemingway beigebracht, und ich war daraufhin in den Süden gefahren, nicht nach Spanien, aber doch nach Italien – Süden war schließlich Süden –, immer öfter und schließlich schon etwas enttäuscht, weil der Südenlack immer mehr abging und ich immer weniger sah und mich immer weiter von den großen Gefühlen entfernte.

Bis es dann doch noch geklappt hatte, ganz überraschend, vor zwei Jahren, bei der Festa del Perdono in San Giovanni. Wir hatten fabelhaft im *Masaccio* gegessen und waren Riesenrad gefahren und hatten nach Blumen geschossen, und nun saßen wir im *Circolo Arci*, der Freund, die schöne Begleiterin, Almut und ich, und wir holten einen Rotwein nach dem anderen von der Bar und schauten durch die weitgeöffneten Fenster in die blaue Nacht, in der das Fest weiterging, und auf die Feiernden, die sich am Fenster vorbeischoben, und plötzlich wußte ich: Das ist das Glück, und ich wußte auch, warum ich das wußte, und sagte es den anderen auch gleich: »Das ist hier jetzt genau wie in ›Fiesta‹.«

Die Laken hatten begonnen, sich zu erwärmen. Ich hatte nur noch das Dritte Buch vor mir, das ziemlich kurz ist, und in dem Jake seine Brett aus dem *Hotel Montana* in Madrid rausholt, wo sie ohne Geld hängengeblieben war, nachdem sie sich von ihrem Stierkämpfer getrennt hatte. Dann zogen sie zusammen zum *Palace Hotel* und von dort aus zu *Botín*, und dort aßen sie ausgezeichnet und tranken jede Menge *Rioja Alta*, und auf der letzten Seite saßen sie schließlich in einem Taxi: »Ach Jake«, sagte Brett. »Wir hätten so glücklich zusammen sein können.«

»Ja«, sagte ich. »Ganz schön, sich das auszumalen, nicht wahr.«

Erich Kästner
Wiedergelesen: »Besuch vom Lande«

Sie stehen verstört am Potsdamer Platz.
Und finden Berlin zu laut.
Die Nacht glüht auf in Kilowatts.
Ein Fräulein sagt heiser: »Komm mit, mein Schatz!«
Und zeigt entsetzlich viel Haut.

So fetzig beginnt ein altes Gedicht.
Erich Kästner hat es verfaßt.
Die Kilowatts spenden immer noch Licht
am Potsdamer Platz. Doch viel Haut ist nicht,
vermerkt bedauernd der Gast.

Sie wissen vor Staunen nicht aus und nicht ein.
Sie stehen und wundern sich bloß.
Die Bahnen rasseln. Die Autos schrein.
Ich zieh mir versonnen die Zeilen rein:
Hier war ja der Teufel los!

Das ist nun schon siebzig Jahre her.
Da stand Erich Kästner am Platz.
Wer heute dort steht, der sieht ihn nicht mehr,
den Platz. Er ist weg mitsamt dem Verkehr
und dem *»Komm mit, mein Schatz!«*

Sie machen vor Angst die Beine krumm.
Und machen alles verkehrt.
Das war mal. Heut schlendern sie lässig rum.
Sie sagen »Nicht übel« und schauen sich um.
Und wirken sehr abgeklärt.

Es klingt, als ob die Großstadt stöhnt.
Heut klingt es, als ob sie pfeift.
Hier wird die Berlinale beklönt,
getrunken, gegessen, geschwatzt und gelöhnt.
Man gibt sich sehr cool und gereift.

Sie stehn am Potsdamer Platz herum,
bis man sie überfährt.
So käme kein heutiger Gast mehr um
am Potsdamer Platz. Er wär denn stockdumm.
Sprich: nicht wirklich bemitleidenswert.

Der Potsdamer Platz war einst *wild*, *groß* und *laut*.
Heut ist er sehr clean und sehr hell.
Er wirkt wie für zappende Cyborgs gebaut.
Und wenn die noch was aus dem Anzug haut,
dann schlimmstenfalls virtuell.

Günter Eich

In der Kriegsgefangenschaft schrieb Günter Eich das Gedicht Inventur, *so etwas wie ein Programmpoem der sog. Kahlschlaglyrik. Es hat den Wortlaut:*

Inventur

Dies ist meine Mütze,
dies ist mein Mantel,
hier mein Rasierzeug
im Beutel aus Leinen.

Konservenbüchse:
Mein Teller, mein Becher,
ich hab in das Weißblech
den Namen geritzt.

Geritzt hier mit diesem
kostbaren Nagel,
den vor begehrlichen
Augen ich berge.

Im Brotbeutel sind
ein Paar wollene Socken
und einiges, was ich
niemand verrate,

so dient es als Kissen
nachts meinem Kopf.
Die Pappe hier liegt
zwischen mir und der Erde.

Die Bleistiftmine
lieb ich am meisten:
Tags schreibt sie mir Verse,
die nachts ich erdacht.

Dies ist mein Notizbuch,
dies meine Zeltbahn,
dies ist mein Handtuch,
dies ist mein Zwirn.

Inventur 96
oder
Ich zeig Eich mein Reich

Dies ist mein Schreibtisch,
dies ist mein Drehstuhl,
hier mein Computer,
darunter der Drucker.

Telefonanlage:
Mein Hörer, mein Sprecher.
After the beep
you can leave a message.

Sie können die Nachricht
natürlich auch faxen.
Ich ruf Sie so bald wie
möglich zurück.

Im Hängeschrank sind
die Korrespondenzen
und einiges, was ich
niemand verrate,

sonst kostet dies Wissen
noch mal meinen Kopf.
Der Kelim hier liegt
zwischen mir und den Dielen.

Das Kopiergerät dort
ist mir am liebsten.
Tags kopiert es die Texte,
die nachts ich getippt.

Dies ist mein Notizbuch,
dies sind meine Tagebücher,
dies ist meine Bibliothek,
dies ist mein Reich.

Hans Magnus Enzensberger

Im Frühjahr 1999 – Hans Magnus Enzensbergers 70. Geburtstag warf seine Schatten voraus – wurde ich gefragt, ob ich eine Hans-Magnus-Enzensberger-Lesung im Rahmen einer Hans-Magnus-Enzensberger-Woche im Rahmen der Salzburger Festspiele einleiten wolle. Ich erinnerte mich seiner schönen Gedichtsammlung Das Wasserzeichen der Poesie *und wollte.*

Die Wasserleichen der Poesie

1985 erschien als neunter Band der *Anderen Bibliothek*, herausgegeben von Hans Magnus Enzensberger, die Gedichtsammlung *Das Wasserzeichen der Poesie*, herausgegeben von Andreas Thalmayr alias Hans Magnus Enzensberger. Im Vorwort des Herausgebers lesen wir: »Die einzig richtige Art, ein Gedicht zu lesen, gibt es nicht. Man kann einen Autor auch nacherzählen, oder rückwärts lesen, oder verspotten, oder bestehlen, oder weiterdichten, oder übersetzen … Lesen heißt immer auch: zerstören – wer das nicht glauben mag, möge die Gehirnforscher fragen –; zerstören und wieder zusammensetzen. Dabei entsteht allemal etwas Neues. Ein Klassiker ist ein Autor, der das nicht nur verträgt; er verlangt es; er ist nicht totzukriegen durch unsere liebevolle Roheit, unser grausames Interesse.«

Das »Räsonnierende Inhaltsverzeichnis« nennt hundertvierundsechzig »Spielarten«, Gedichte zu lesen – und zu verändern –, von der »Poetisierung« bis zum »Lettrismus«. Erprobt werden diese Lesarten an Dichtern aller Zeiten, Nationen und Ränge, doch wurde einer wohlweislich ausgelassen: Hans

Magnus Enzensberger. Das sei nun aus gegebenem Anlaß nachgeholt. An sieben Gedichten Enzensbergers habe ich einige Enzensbergersche »Spielarten« erprobt, hier und da gemischt und gewürzt mit Spielmöglichkeiten, die nicht im *Wasserzeichen der Poesie* zu finden sind. Der Titel meiner Recherche unterstellt, dabei könnten Gedichte den Bach runtergegangen sein. Der Rechercheur legt Wert auf die Feststellung, daß damit nicht die Originale gemeint sein müssen.

I. ANTONOMASIE. Die Poesie spielt mit Vorliebe die alte Magie der Namen aus. Sie zitiert, umschreibt und vertauscht sie. Wenn man die Ortsnamen in einem Gedicht auswechselt, entsteht ein anderes Gedicht.

II. VERLIEDLICHUNG. Wer sich auf Ungereimtes einen Reim macht und dem Gereimten die Melodie von »Wasser ist zum Waschen da« unterlegt, rührt an die Wurzeln allen Dichtens, den Gesang.

III. ECHO. Der Dichter ruft in einen Wald, aus dem es nicht immer herausschallt. Vernimmt er ein Echo, kann er zumindest sicher sein, sich deutlich genug ausgedrückt zu haben.

IV. COMIC. Wer Worte wörtlich nehmen will, muß sich manchmal der Bilder bedienen. Die Worte des Dichters werden zu Bildlegenden.

V. LYRISCHER SANDWICH. Man nehme die erste und die letzte Zeile eines Gedichts, entferne den Rest und fülle den Leerraum zwischen besagten Zeilen mit einer neu angerichteten Farce. Ein probates Mittel, den Schatz der Weltdichtung zu verdoppeln. Aber bleiben wir zunächst mal im Enzensberger Ländle.

VI. ROTZLÖFFELISIERUNG. Je jugendlicher ein Autor sich aufführt, desto mehr reizt er zum Widerspruch. Die Altersweisheit triumphiert über Jugendwahn, der *common sense* des Bordeaux-Kenners über die Exaltation der frühen Jahre des Leistungstrinkens. Das Risiko solchen Gegengesangs liegt darin, daß er offene Hosentüren einrennt.

VII. TEMPUSWANDEL. Subtile Effekte entstehen, wenn wir in die Zeilenfolge eines Gedichts eingreifen, grobe, wenn wir den dunklen Anfängen des Dichters die lichten Folgezeiten gegenüberstellen. Gleicht sich alles irgendwie aus.

Für Karajan und andere

Drei Männer in steifen Hüten
vor dem Kiewer Hauptbahnhof –
Posaune, Ziehharmonika, Saxophon –

im Dunst der Oktobernacht,
der zwischen zwei Zügen zaudert,
zwischen Katastrophe und Katastrophe:

vor Ermüdeten spielen sie, die voll Andacht
in ihre warmen Piroggen beißen
und warten, warten,

ergreifende Melodien, abgetragen
wie ihre Jacken und speckig
wie ihre Hüte, und wenn Sie da

fröstelnd gestanden wären unter Trinkern,
Veteranen, Taschendieben,
Sie hätten mir recht gegeben:

Salzburg, Bayreuth und die Scala
haben dem Bahnhof von Kiew
wenig, sehr wenig voraus.

H. M. E.

Für andere als Karajan

Dreißig Männer in schwarzen Fracks
im Salzburger Festspielhaus –
Bläser, Streicher, Paukisten –

im Glanz des Augustabends,
der in vollen Zügen genießt,
zwischen Event und Event:

vor Ergriffenen spielen sie, die voll Andacht
in ihre warmen Hände klatschen
und jubeln, jubeln,

ergreifende Melodien, abgehoben
wie ihre Fracks und kostbar
wie ihre Instrumente, wenn Sie da

wohlig gesessen hätten unter Kennern,
Enthusiasten, Premierentigern,
Sie hätten mir recht gegeben:

Bayreuth und die Scala in Ehren,
aber eigentlich fühlt man sich hier
fast wie auf dem Kiewer Hauptbahnhof.

R. G.

ehre sei der sellerie

der steinbrech, der uhu, die milch,
unbezweifelbar wie das licht, der fels,
von tauben bewaldet, der föhn,
der dotter, das brom, warum nicht,
und meinetwegen der blitz, ja,
der wal und der blitz, sie stehen fest,
auf sie laß uns bauen,
sie sind eine ode wert.

die zigarrenasche im spiegel,
das ebenbild, wer wär es nicht leid,
dieses scheckgesicht
aus behaartem bims,
diese blumenkohlohren
von schlagern verprügelt,
und später am blutigen himmel
diese suturen aus rauch!

gepriesen sei die friedliche milch,
ruhm dem uhu, er weiß wie er heißt
und fürchtet sich nicht, ehre
dem salz und dem erlauchten wal,
und der barmherzigen sellerie,
gebenedeit unter den köchen,
die auf dem teller stirbt.

H. M. E.

das zarte erdherz, die sellerie,
menschlicher als der mensch,
frißt nicht seinesgleichen,
noch der blitz, berühmt sei der blitz,
oder meinetwegen der dotter.

H. M. E.

sellerie mon ami

ehre sei der sellerie
fallera und falleri
frißt nicht seinesgleichen,
das muß zum rühmen reichen.

ruhm sei auch dem uhu da
falleri und fallera
er weiß, wie er heißt,
was sein »schuhu« beweist.

preis und ehr wal, salz und milch
falleralch und fallerilch
licht, fels, föhn und brom,
die will ich gleichfalls lohm.

nur bei uns personen
tut sich gesang nicht lohnen.

R. G.

La forza del destino

Wie von den Gesichtern der Kalk blättert! Frech
in den blonden Gewässern ihrer Alltäglichkeit
jodeln aber die Ruderknechte, und jeder trägt
die Gloriole der Feigheit aus rostfreiem Blech.

Durch die Binsenwälder rauschen und trommeln
wie es war am Anfang die Weiber
zu vergeblicher Hochzeit lockend
zwischen Lokomotiven und Dommeln.

Wem zulieb entjungfert ihr euch? Wem zu Ehren
zeigt ihr ungemachter Betten Grimassen?
Wen ladet ihr, lorbeergeschmückt,
den dünnen Braten Gelegenheit zu verzehren?

Es werden Oblaten gereicht: Kugellager
lindern den Lauf der Gebetsturbinen: traurig
sitzt der Fischerkönig am Konferenztisch
und erwartet verdrossen den rettenden Frager.

Hinter sauren Gardinen begründen angesichts
von Alpenveilchen und Ikonoskopen
zwölf Herren den e. V. gegen Übergriffe
eines etwa geplanten Jüngsten Gerichts.

Il duetto del cretino

Durch die Binsenwälder rauschen und trommeln
wie es war am Anfang die Weiber
zu vergeblicher Hochzeit lockend
zwischen Lokomotiven und Dommeln.

Zwischen Dommeln und Lokomotiven
ist schlecht Hochzeit machen
wann seht ihr das endlich ein Weiber?
Kein Wunder, daß wir Männer euch entliefen.

Wem zulieb entjungfert ihr euch? Wem zu Ehren
zeigt ihr ungemachter Betten Grimassen?
Wen ladet ihr, lorbeergeschmückt,
den dünnen Braten Gelegenheit zu verzehren?

Was hilft euch all euer Trommeln und Rauschen?
Uns kriegt ihr nicht in grimassierende Betten.
Wir beißen in den saftigen Braten Gelegenheit
Unwillig mit Lokomotiven und Dommeln zu tauschen.

R. G.

ich, der präsident und die biber

die wespe im bernstein bebt
unterm gejaul der geräte.
der stuhlgang des präsidenten
ist wieder normal. die kirschen
wissen nicht wie er heißt.
in den kolchosen die rinder
träumen vom hohen klee
und nicht von den spesen,
blutig und fett,
noch von den zinsen der asche.

die schöpfung nimmt nicht mehr
von uns notiz. für immer
verstummt aus ekel vor uns
dronte, zobel und albatros.
einmal wird auch die geduld
der biber enden. nur wir,
bis zuletzt besudelt
von telegrammen, bleiben
von totschlag zu totschlag
das codewort wechselnd:
faustkeil oder kobalt.

wir stellen uns harmlos,
beide: zwischen zwei spritzen
schlaflos der präsident,
und ich, im gefriedeten haus,
als wäre nicht mord,
meinen apfel schälend:
wir sind schon vergessen.

H. M. E.

ich, der präsident und die biber

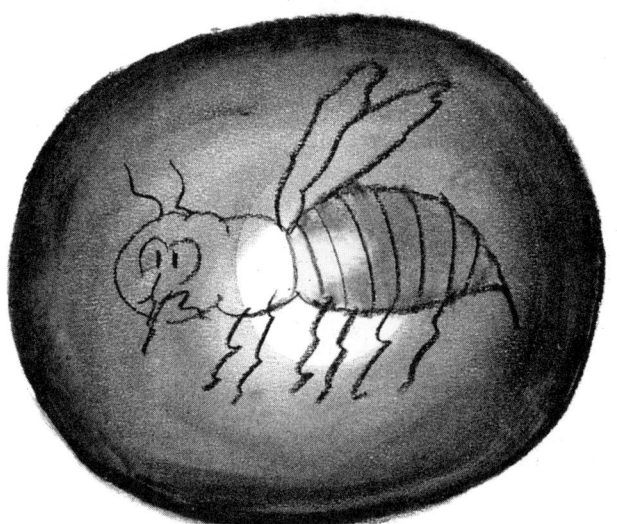

Die wespe im bernstein bebt
unterm gejaul der geräte.

R. G.

der stuhlgang des präsidenten
ist wieder normal.

R. G.

die kirschen
wissen nicht, wie er heißt.

R. G.

in den kolchosen die rinder
träumen vom hohen klee
und nicht von den spesen,
blutig und fett,
noch von den zinsen der asche.

R. G.

die schöpfung nimmt nicht mehr
von uns notiz.

R. G.

für immer
verstummt aus ekel vor uns
dronte, zobel und albatros.

R. G.

einmal wird auch die geduld
der biber enden.

R. G.

nur wir, bis zuletzt besudelt
von telegrammen, bleiben
von totschlag zu totschlag
das codewort wechselnd:
faustkeil oder kobalt.

R. G.

wir stellen uns harmlos,
beide: zwischen zwei spritzen
schlaflos der präsident,

R. G.

und ich, im gefriedeten haus,
als wäre nicht mord,
meinen apfel schälend:

R. G.

wir sind schon vergessen.

R. G.

Erinnerung an die Schrecken der Jugend

Ein Bett aus Nesseln ist die Nacht
Wie rosa knistert deine Hand
hat einst an meinem Hals gelacht
hat Gin das blinde Herz verbrannt
ist segelflammend meine Jacht

im Klippenkalk der Côte ragouse
den Biß im Salz des Meeres Laug
o zeig mir den zerbrochnen Fuß
nach Kampfer riecht dein dunkles Aug
im Blut versunken treibt ein Blues

o Haß du taubes Schibboleth
laß meine letzte Stunde los
durch die ein D-Zug pfeifend geht
was sind die Wartesäle groß
die Kellner trommeln zum Gebet.

Erinnerung an die Jugend des Schreckens

Ein Bett aus Nesseln ist die Nacht
in die hab ich mich reingesetzt
das hat mir wenig eingebracht
hab mir nur das Gesäß verätzt
den Kohl hat das nicht fett gemacht

O Schmerz die Uhr sagt es ist spät
man läutet schon zum Abendmahl
ich schleppe mich so gut es geht
verbrannten Arschs zum Speisesaal
die Kellner trommeln zum Gebet.

R. G.

Geburtstagsbrief

Alt bist du: alt: wie Laub verdorrt das Lid:
die Schläfen schimmeln: geiles Moos erpreßt
die Rippen wie ein Verdacht: der Zunder
flicht sich durch die Gefäße: der Schwamm
wie Unheil: wie ein Pilz aus Essig: wie Scham
bläht sich ein weißer Zuwachs in Organen:
wie geheime Beeren: schweigend: wie eine Rose
auf der Stirn: wie eine Flechte im verstockten Blut:
vergilbter Samen: langsam: wie Asche langsam
zieht der Pilz die Fäden im Gehirn: wie Spinnen
verhängen Weisheit und Verdruß den Mund
Geiz und Verachtung fressen sich ins feuchte Netz
der Adern: Mergel dringt in die Ohren: Kalk
in die Träume: rieselt Kreide: aus der tiefen Druse
klopft das Herz verschüttet: alt: um Hilfe:
alt: du bist alt bist du: alt.

H. M. E.

Geburtstagsfax

Jung bist du: dumm: viel Glas verspricht das Lied:
die Schläfen wuchern: geiles Naß betaut
die Lippen wie ein Fernet: der Fusel
bricht sich durch die Gefäße: den Damm
birst Urquell: wie ein Pils aus Dortmund: wie Schampus
bläht sich ein heißer Zutrunk in Lokalen:
wie gefüllte Flöten: schwellend: wie eine Blume
auf dem Bier: wie eine Halbe im versoffnen Hirn:
gekippter Humpen: leer: wie Flasche leer
zieht das Pils die Fäden im Gemächt: wie Spatzen
entriegeln Geilheit und der Suff den Mund
Strunz und Ichhabefertig fressen sich ins feuchte Netz
der Adern: Weinbrand dringt in die Ohren: Korn
in die Träume: rieselt Klarer: aus dem letzten Loche
klopft das Hirn zugeschüttet: dumpf: um Hilfe:
alt: du siehst alt aus: neunzehn Jahre alt.

R. G.

Geburtsanzeige

Wenn dieses Bündel auf die Welt geworfen wird
die Windeln sind noch nicht einmal gesäumt
der Pfarrer nimmt das Trinkgeld eh ers tauft
doch seine Träume sind längst ausgeträumt
es ist verraten und verkauft –

wenn es die Zange noch am Schädel packt
verzehrt der Arzt bereits das Huhn das es bezahlt
der Händler zieht die Tratte und es trieft
von Tinte und von Blut der Stempel prahlt
es ist verzettelt und verbrieft

wenn es im süßlichen Gestank der Klinik plärrt
beziffern die Strategen schon den Tag
der Musterung des Mords der Scharlatan
drückt seinen Daumen unter den Vertrag
es ist versichert und vertan

noch wiegt es wenig häßlich rot und zart
wieviel es netto abwirft welcher Richtsatz gilt
was man es lehrt und was man ihm verbirgt
die Zukunft ist vergriffen und gedrillt
es ist verworfen und verwirkt

wenn es mit krummer Hand die Luft noch fremd begreift
steht fest was es bezahlt für Milch und Telefon
der Gastarif wenn es im grauen Bett erstickt
und für das Weib das es dann wäscht der Lohn
es ist verbucht verhängt verstrickt

wenn nicht das Bündel das da jault und greint
die Grube überhäuft den Groll vertreibt
was wir ihm zugerichtet kalt zerrauft
mit unerhörter Schrift die schiere Zeit beschreibt
ist es verraten und verkauft.

H. M. E.

Geburtstagsgruß

Als dieses Bündel auf die Welt geworfen ward
die Windeln warn noch nicht einmal gesäumt
der Pfarrer nahm das Trinkgeld eh ers tauft
doch seine Träume warn längst ausgeträumt
schien es verraten und verkauft –

Doch da das Bündel Ach- und Wehgeschrei
herangereift als Literat betrieb
da es gewitzt, durchtrieben, hochgelehrt
mit unerhörter Schrift die schiere Zeit beschrieb
wird es gepriesen und geehrt.

R. G.

Thomas Bernhard

Im Handbuch Wege zum Ruhm, 13 Hilfestellungen für junge Künstler und 1 Warnung *führt der Onkel Gernhardt seinen Neffen Horst Streugöbel in das weite Feld der Literatur ein. Damit der Junge sich kein falsches Bild vom angestrebten Beruf des Schriftstellers macht, enden Onkel und Buch abgründig.*

Dem Abgrund entgegen

»... ich lief und lief und dachte, ich werde sofort über dieses sogenannte *künstlerische Abendessen* in der Gentzgasse schreiben, egal was, nur *gleich* und *sofort* über dieses *künstlerische Abendessen* in der Gentzgasse schreiben, *sofort*, dachte ich, gleich immer wieder, durch die Innere Stadt laufend, *gleich* und *sofort* und *gleich* und *gleich*, bevor es zu spät ist.«

So endet *Holzfällen. Eine Erregung.* Wer da so erregt läuft und denkt, ist Thomas Bernhard, und der läßt seinen Gedanken Worte folgen: 1984 erscheint im Suhrkamp Verlag seine Schilderung des sogenannten künstlerischen Abendessens in der Gentzgasse und sorgt sogleich für Erregung bei allen Betroffenen.

Zuerst im Ohrensessel sitzend, dann beim nächtlichen künstlerischen Abendessen vergleicht der Erzähler in Gedanken die besonnten vergangenen Tage – »Ich habe keinen Groschen in der Tasche gehabt und habe mir doch alles leisten können« – mit dem, was er jetzt vor sich hat: »Die zwei weiblichen Mißgestalten der österreichischen Literatur ... Meine beiden großen, von mir mehr oder weniger angehimmelten Dichterinnen der frühen Fünfzigerjahre ... die Marianne Moore und die Ger-

trude Stein und die Virginia Woolf von Wien sitzen da, dachte ich, und sind nichts als kleine, gefinkelte, ehrgeizige Staatspfründnerinnen, die die Literatur überhaupt verraten haben für ein paar lächerliche Preise und eine zugesicherte Rente.«

Anna Schreker und Jeannie Billroth hat Bernhard die Dichterinnen getauft, »und ich beobachtete die beiden als die tatsächlich geistig-verkommenen *Charaktergeschwister*. Die Schreker wie die Billroth, wie der Lebensgefährte der Schreker verkörpern heute diese Art von epigonaler scheinintellektueller Geschwätzigkeitsliteratur, die mir immer verhaßt gewesen ist.«

»Daß ich die Jeannie Billroth einmal geliebt habe«, denkt er, »und jetzt schon länger als zwanzig Jahre hasse«, diese »feist und fett und häßlich gewordene Schriftstellerin«; doch solcher Haß ist vergleichsweise milde neben dem, was der Erzähler für das Gastgeberehepaar empfindet: »Die Eheleute Auersberger haben deine Existenz, ja dein Leben zerstört, sie haben dich in diesen entsetzlichen Geistes- und Körperzustand Anfang der fünfziger Jahre hineingetrieben ... Damals war ich zweiundzwanzig Jahre alt und in alles, das Maria Zaal und Gentzgasse gewesen ist, verliebt und schrieb Gedichte« – jetzt aber ist er zweiundfünfzig und schreibt Verwünschungen nieder:

»Und wie der ununterbrochen betrunkene Auersberger auf seine Weise ein lächerlicher Mensch ist und wahrscheinlich immer gewesen ist, dachte ich auf meinem Ohrensessel, ist auch seine Frau ein lächerlicher Mensch, und immer ein lächerlicher Mensch gewesen.«

So redet sich Bernhard in eine 320 Seiten lange Erregung, kein Künstlerkind, ein Racheengel, der nicht müde wird, die Teufeleien seiner Gastgeber und die Sünden der anwesenden Gäste anzuprangern: »... haben dich in diesen zwanzig Jahren überall, wo es ihnen nur möglich gewesen ist, ausgerichtet, heruntergemacht ... Rufmord begangen ... Lügen verbreitet ... All diese Leute waren ja einmal tatsächlich Künstler oder wenigstens Kunsttalente, dachte ich jetzt auf dem Ohrensessel, jetzt sind sie alle nur mehr noch ein einziges Kunstgesindel ... mehr oder weniger hoch dekorierte Provinzkünstler ... lebende Kunstleichname, gescheiterte Kunstnieten ... Künstlerattrappen ... Der kleine dickbauchige Auersberger ... zweimal im Jahr in die Entziehungsanstalt Kalksburg, dachte ich, anscheinend genügt das, um ihn am Leben zu erhalten ... *künstlerische Abendessen* ... widerliche Abendessen ... Eheschmutz ... Eheexplosion ... Ehe-Gestank ... Ehehölle ... *perfide Gesellschaftsonanisten* ... Der Auersberger hat immer junge Schriftsteller um sich und in seinem Bett gehabt ... *Der Auersberger, der geile Schriftstellerverschlinger* ... Denn ich haßte die Auersberger in Wahrheit nach diesem *künstlerischen Abendessen* genauso, wie ich sie vorher schon gehaßt habe ... mit diesem *Auersbergerhaß*, mit dem ich die Auersbergischen schon seit zwanzig Jahren hasse« – ist das der Dank für Speis und Trank, für echten Plattenseefogosch und Champagner? Ganz zu schweigen von weiter zurückliegenden Wohltaten, die der erinnerungsselige Hasser vollständig unter den Ohrensessel fallen läßt und die sein Biograph Hans Höller wie folgt referiert: »Thomas Bernhard besaß von Beginn an die geniale Fähigkeit, an die Leute zu gelangen, die ihn fördern konnten ... Weil Genies aber gerne von niemandem abhängen ..., hat er sich auch darin als Genie erwiesen, daß er nur den wenigsten seiner Förderer später verbunden blieb, wenn er sie nicht überhaupt herunterspielte oder gar heruntermachte. Das spektakulärste Beispiel für diese Facette seiner Genialität ist die Rache an Gerhard Lampersberg, seinem ›einzigen und wirklichen Freund‹, dem er ›im richtigen Moment‹ begegnet sei, wie Bernhard 1958 in der Widmung von ›In hora mortis‹ feststellte und den er als Auersberger in ›Holzfällen‹ am tiefsten stürzen ließ.«

»Am 21. August erscheint Thomas Bernhards ›Holzfällen. Eine Erregung‹«, berichtet die glücklich beim Jahr 1984 angelangte *Suhrkamp Verlagsgeschichte*, und vermerkt: »Herr Gerhard

Lampersberg glaubte, sich in der Figur des Herrn Auersperger im Roman erkannt zu haben und erreichte eine Einstweilige Verfügung gegen die Auslieferung und für die Beschlagnahme des Buches in Österreich, was dann innerhalb von wenigen Stunden vollzogen wurde. Die Richterin des Landgerichts Wien übersah offensichtlich, daß es auch in der österreichischen Verfassung den Paragraphen der Kunstfreiheit gibt; in ihrem Urteil waren die 18 inkriminierten Stellen samt und sonders unkorrekt wiedergegeben« – ein Schicksal, das der Schriftsatz mit der *Verlagsgeschichte* teilt, da auch die nicht dazu in der Lage ist, korrekt zu zitieren: Thomas Bernhards Held heißt »Auers*b*erger« und nicht »Auers*p*erger«.

Auch glaubte nicht nur der Herr Lampersberg, sich in dieser Figur erkannt zu haben. Der Glaube, der Komponist Auersberger, Besitzer eines Landsitzes im kärntnerischen Maria Zaal, sei mit dem Komponisten Lampersberg, Besitzer eines »Tonhof« genannten Landsitzes im kärntnerischen Maria Saal, identisch, ist bis heute in Wiener Literatenkreisen weit verbreitet. »Ich habe ziemlich scharf geantwortet damals bei ›Holzfällen‹«, erinnert sich H. C. Artmann. »Die Hand, die einen gefüttert hat, beißt man nicht! Der Kurt Kalb von Oswald & Kalb hat gesagt ›Laßt's den Lamperl in Ruh!‹ Alle stehen hinter dem Lampersberg, jeder« – aber erst einmal war es am Lamperl, Ruhe zu geben: Ein Jahr nach Erscheinen der *Erregung* nahm er von seiner Klage Abstand. Hatten ihn jene Zeilen Bernhards milde gestimmt, die als Selbstanklagen gelesen werden können?

»Wir treffen auf einen Menschen im richtigen Zeitpunkt und nehmen alles für uns Wichtige von diesem Menschen auf, dachte ich, und verlassen diesen Menschen wieder zum richtigen Zeitpunkt, dachte ich. Ich bin genau im richtigen Zeitpunkt mit Jeannie Billroth zusammengetroffen und habe sie zu demselben richtigen Zeitpunkt wieder verlassen, dachte ich … Wir saugen aus einem solchen Menschen jahrelang alles heraus und sagen

auf einmal, er, dieser Mensch, den wir beinahe zur Gänze ausgesaugt haben, sauge uns aus … Und wie ich mich von der Jeannie
getrennt hatte, bin ich sozusagen *mit fliegenden Fahnen zu den
Auersbergischen übergelaufen*« – waren es diese Zeilen, die den
Lampersberg weich werden ließen?
Nicht nur er hätte gute Gründe gehabt, hart zu bleiben. Denn
immer dann, wenn es wirklich hart auf hart geht, zeigt Bernhards anklagender Zeigefinger ausschließlich auf die anderen.
»Wie hat die Schreker immer gegen den sogenannten *Kunstsenat* gewettert, ja gegeifert und hat sich doch vor einem Jahr von
demselben *Kunstsenat* mit dem *Großen Österreichischen Staatspreis für Literatur* beglücken lassen« – der da der Friederike
Mayröcker den 1982 entgegengenommenen Preis vorhält, ver-
schweigt, daß er selber neben so gut wie allen wichtigen deutschen und österreichischen Literaturpreisen – Julius-Campe-
Preis, Georg-Büchner-Preis, Anton-Wildgans-Preis, Grillpar-
zer-Preis – im Jahre 1968 auch den »Österreichischen Staatspreis« einstecken konnte.
Der da den Auersbergers ihre Antiquitäten um die Ohren haut
– »Ausdruck eines ganz und gar üblen Schwächezustandes ist es
im Grunde immer, wenn sich Leute mit Möbeln einrichten aus
den vergangenen Zeiten … Das ist das Widerliche an den Auersbergischen … nicht sie selbst haben sie sprechen lassen in
ihren Behausungen, sondern ihre Möbel und anderen Kunstge-
genstände und ihr Geld« –, dieser Protzverächter pflegte einen
Lebensstil, der seinen ansonsten angenehm unpathetischen Bio-
graphen Höller geradezu weihevoll werden läßt: »Betritt man
heute Bernhards Hof in Obernathal bei Ohlsdorf, fühlt man
sich an Goethes Haus am Frauenplan in Weimar erinnert. Lange
Zimmerfluchten, die Interieurs überlegt gestaltet … Der An-
tiquitätenliebhaber Bernhard zeigt sich durch die vielen alten
Schränke …« Alles in allem ein Ambiente, für das auch Thomas
Bernhards Gast Gerhard Lampersberg in einem 1991 geführten

Gespräch lobende Worte findet – »Mir gefällt Ohlsdorf sehr gut, dieses Abstrakte« –, ohne daß er deswegen gleich ans Goethehaus denken muß: »Ohlsdorf ist ja eine Kopie vom ›Tonhof‹ … Er hat ja die Öfen machen lassen, die wir im Original haben. Jeder, der Ohlsdorf kennt und den ›Tonhof‹ kennt, lacht ein bissel.«

Und der da nicht müde wird, die »absolut niederträchtigen Staatspfründnerexistenzen« der Dichterinnen Friederike Mayröcker und Jeannie Ebner zu geißeln – »Denn als zwei raffinierte Staatspfründnerinnen muß ich die beiden doch bezeichnen, die in den letzten Jahrzehnten keine Gelegenheit ausgelassen haben, um sich dem von ihnen zuerst so viele Jahre geschmähten Staat und seiner perversen Gebefreudigkeit opportunistisch geschmeidig zu machen und die überall dort und an allen Ecken und Enden in diesen fünfzehn Jahren zu sehen gewesen sind, *wo etwas zu holen ist*« –, dieser Inquisitor also vergißt wohlweislich zu erwähnen, wie er Ohlsdorf finanziert hat, das erste von drei Bauernhäusern, die Bernhard im Laufe der Zeit gekauft hat. Maria Fialik, die Gesprächspartnerin von H. C. Artmann und Lampersberg, Verfasserin des Buches *Der Charismatiker, Thomas Bernhard und die Freunde von einst*, erinnert sich dafür um so genauer: »Der Hof hat 200 000 Schilling gekostet. Finanziert hat er das Ganze mit dem Bremer-Literatur-Preis und mit einem Vorschuß von Siegfried Unseld. Und mit Unterstützung der ›Tante‹. Zusätzlich hat er noch vom Unterrichtsministerium ein zinsloses Darlehen in Höhe von 30 000 Schilling für die Renovierung bekommen, das hat er dann 1976 zurückgezahlt« – nicht ohne zwischendurch auch in diese Hand gebissen zu haben: »1968. Bernhard erhält den sogenannten Kleinen Österreichischen Staatspreis. Seine Dankesrede wird zu einem der vielen Eklats, die sein Werk und seine Auftritte bis zuletzt begleiten«, heißt es in der von Hans Höller zusammengestellten »Zeittafel«.

Wie, lieber Horst, nennt man das alles? Richtiger: Wie würdest
Du als angehender Literat und Mann des Wortes ein solches
Verhalten bezeichnen? Als doppelzüngig? Ja … Als tückisch?
Na ja … Als verwerflich? O nein! Schriftsteller, die ihr Gegenüber daraufhin mustern, wo der Biß anzusetzen sei, sind so un-
schuldig wie Schlangen. Tadelnswert sind nicht sie, sondern jene
Naiven, die solche Wesen gefahrlos an ihrem Busen hegen zu
können meinen. Vor die Frage gestellt: Schlange oder Opfer
sein? wird sich der wahre Künstler selbstredend als Schlange
entpuppen, was bei einem Vollblutdichter wie Goethe selbstrei-
mend ein Gedicht zur Folge hatte:

> Eben drum, geliebter Knabe,
> Bleibe jung und bleibe klug;

läßt er den Hatem im *West-östlichen Divan* sagen

> Dichten zwar ist Himmelsgabe,
> Doch im Erdeleben Trug.

> Erst sich im Geheimnis wiegen,
> Dann verplaudern früh und spat!
> Dichter ist umsonst verschwiegen,
> Dichten selbst ist schon Verrat.

Eine gute Geschichte wiegt halt schwerer als eine schlichte Bekanntschaft. Auch rechnet sie sich besser als weitere Einladun-
gen zu weiteren künstlerischen Abendessen: Getragen vom
Sturm der Entrüstung gelangte *Holzfällen* als erstes Buch Thomas Bernhards bis hoch in die Bestsellerlisten. »Wenn ich nicht
schreiben tät, so wär' aus mir ein Verbrecher geworden, vielleicht sogar ein Mörder«, hat der junge Bernhard seiner damaligen Vertrauten Jeannie Ebner anvertraut – so gesehen können

all die in *Holzfällen* beschriebenen Freunde von einst froh darüber sein, daß sie so glimpflich davongekommen sind.

Wo aber, höre ich Dich, lieber Horst, erneut fragen, bleibt das Positive? Die gleichaltrigen Kollegen soll ich nicht sehen, auf die älteren soll ich nicht hören, den Rest soll ich meiden – wo denn finde ich Gleichgesinnte, von denen ich lerne, wo Hochgesinnte, für die ich schwärmen kann?

Unter den Toten, Horst, ausschließlich unter den Toten. Nur ein toter Kollege ist ein guter Kollege: Er beißt nicht, schmutzt nicht, stiehlt keine Show, blockiert keine Bestsellerplätze und okkupiert keine Bestenlisten, er schreit nicht auf, wenn man von ihm nimmt, und stöhnt nicht auf, wenn man ihm mal Saures gibt – lang lebe der tote Kollege!

Es gibt denn auch keinen Künstler, der nicht so dächte. Frage irgendeinen von ihnen, in welcher Stadt auch immer, nach dort arbeitenden ernstzunehmenden Kollegen – er wird nach gespieltem Nachdenken schließlich bedauernd die Achseln zucken. Ob denn das Land welche aufzuweisen habe? Hm ... Der Kontinent? Tja ... Der Erdball? Da schließlich mag zögernd der eine oder andere Name genannt werden, meist von Kollegen, die der Antwortende in beruhigender Ferne weiß, räumlich, sozial, biologisch, und in der Regel auf einem Gebiet tätig, das der Befragte bisher weder jemals beackert hat noch je zu kultivieren gedenkt.

Wie anders die Nennungen auf den einprasseln, der die Künstler nach geschätzten, gar geliebten toten Kollegen befragt!

»Und ich dachte, daß es besser gewesen wäre, an diesem Abend und meinetwegen auch noch die ganze Nacht Pascal oder Gogol oder Dostojewski oder Tschechow zu lesen, als auf dieses abstoßende *künstlerische Abendessen* in der Gentzgasse zu gehen« – danke, Herr Bernhard!

Wie sich die Befragten mit den Genannten geradezu verbrüdern!

»Und ich dachte wieder, daß es viel besser gewesen wäre, meinen Gogol und meinen Pascal und meinen Montaigne zu lesen«
– danke, Herr Bernhard, schönen Dank!
Wie offen sie zugeben, auf den Spuren bedeutender Vorgänger und Vorbilder gewandelt zu sein, geistig wie leiblich!
»Dreißig Jahre ist es her, daß ich ohne weiteres fünfzehn Kilometer in der Nacht nach Hause gegangen bin, dachte ich auf dem Ohrensessel, *singend, in meiner damaligen Mozart- und Verdibegeisterung dem Rausch freien Lauf lassend*« – danke, Herr Bernhard, danke, danke. Aber haben Sie bitte Verständnis dafür, daß Sie nicht der einzige Künstler sind, der uns in diesem Zusammenhang interessiert: Als beispielsweise Rilke 1919 in Sils Baselgia Station machte, zog es ihn, wie sein Biograph Leppmann berichtet, zum »Nietzsche-Stein auf der Insel Chasté«. Und als ich 1994 liebe Freunde in Triest besuchte, da führten die mich und meine Begleiterin naturgemäß zum »Rilke-Weg«, der die Örtchen Duino und Sistiana längs der karstigen Steilküste verbindet. Im Schloß Duino hatte Rilke 1911 als Gast geweilt, eingeladen von der Fürstin Marie von Thurn und Taxis-Hohenlohe; auf dem schmalen Pfad zwischen Himmel und Meer hatte der Dichter im Brausen der winterlichen Bora eine Stimme zu hören vermeint:
»Wer, wenn ich schriee, hörte mich denn aus der Engel Ordnungen?«
»Was ist das?« soll er halblaut geflüstert haben. »Was ist es, was kommt?«
Die Fürstin Marie Taxis, der wir diese Zeilen, gegründet auf Rilkes eigenen Bericht, verdanken, weiß die Antwort: »Er nahm sein Notizbuch, das er stets mit sich führte, und schrieb diese Worte nieder und gleich dazu noch einige Worte, die sich ohne sein Dazutun formten. Wer kam? ... Er wußte es jetzt: der Gott ...«
Selbstredend waren alle Mitglieder unserer *italienisch-deutschen*

Vierergruppe mit Exemplaren von Rilkes *Duineser Elegien* be-
stückt, der Frucht jener winterlichen Eingebung, die da vor
achtzig Jahren den Dichter heimgesucht hatte; selbstverständlich war auch, daß das Zitieren aus den teils italienischen, teils
deutschen, teils zweisprachigen Büchern kein Ende nehmen
wollte, als wir, den Schildern des *Rilke-Weges* folgend, ins glei-
ßende Septemberlicht traten, vor uns nur Himmel und Meer
und das Dichterwort, das sich beidem verdankte:
»Wer, wenn ich schriee, hörte mich denn aus der Engel Ordnungen?« begann der deutsche Freund.
»... und gesetzt selbst, es nähme einer mich plötzlich ans Herz:
ich verginge von seinem stärkeren Dasein«, fuhr meine Begleiterin fort.
»Mi farebbe morire«, fiel unsere Gastgeberin ein, »Perchè il
bello non é che il tremendo al suo inizio –«
»Den wir noch gerade ertragen«, deklamierte meine Begleiterin,
»und wir bewundern es so, weil es gelassen verschmäht –«
»– distruggerci. Degli angeli ciascuno è tremendo. Ein jeder Engel ist schrecklich«, setzte unsere Gastgeberin auf deutsch
hinzu, worauf der Freund und meine Begleiterin wiederum Rilkes Worte aufgriffen und weiterführten, bis die Reihe erneut an
der Gastgeberin war und ihr perlendes Italienisch durch die
würzige Luft klang:
»Ci resta la strada di ieri e la fedeltà viziata di un'abitudine ... «
Ich aber ging schweigend und versuchte jene Frage aus meinem
Kopf zu verscheuchen, die sich mir bereits angesichts des Hin-
weisschildes *Rilke-Weg* aufgedrängt hatte: Ob dermaleinst ein
Stückchen Natur auch an mein Erdenwallen erinnern und Spä-
tergeborene zum Gedenken, zur Nachfolge gar bewegen
werde? Würde es wenigstens zu einer Gernhardt-Quelle reichen? Zu einer Gernhardt-Linde?
Ich hielt schweigend Schritt in der *italienisch-deutschen Vierergruppe*, doch immer ferner schienen mir die Stimmen der Rilke-

Zitierer, immer deutlicher meldete sich in meinem Kopf die
Stimme der Spinne Erinnerung, immer herrischer bestand sie
darauf, daß ich ihr zuhörte, ihr und nur ihr:

Daß ich nicht zum erstenmal dem Weg eines Dichters folgte,
dachte ich, und daß es doch bemerkenswert war, daß ich mich
bei dieser Art Dichter-Nachfolge stets in Gesellschaft befunden
hatte. Daß ich hier, im Jahre 1994 und in dieser *italienisch-deutschen Vierergruppe*, Rilke hinterherging, und daß ich 27 Jahre
zuvor in einer *vollkommenen deutschen Dreiergruppe* gewandert war, die nicht einem einsamen deutschen Dichter gefolgt
war, sondern einer ebenfalls vollkommen deutschen Dreiergruppe, die die gleiche Strecke, das zumindest glaubten wir zu
wissen, bereits im Jahre 1927 zurückgelegt hatte.

Daß wir uns auf Tucholskys Spuren gewähnt hatten, dachte ich,
während ich mit meiner *italienisch-deutschen Vierergruppe* dem
Rilke-Weg von Duino nach Sistiana folgte, und daß das nun fast
dreißig Jahre her war, daß wir drei, F. K. Waechter, F. W. Bernstein und ich, die vermeintliche Route jener drei Männer nachzuvollziehen geglaubt hatten, die weitere vierzig Jahre zuvor
durch den Spessart gewandert waren, neben Tucholsky noch
seine Freunde Jakopp und Karlchen. Daß deren Wanderung
nun schon fast siebzig Jahre zurücklag, dachte ich auf meinem
Rilke-Weg, und daß ich das alles nur deswegen wußte, weil
Tucholsky in den späten Zwanzigern die Wanderung sowie die
mitwandernden Freunde Jakopp und Karlchen im Reisebericht
Das Wirtshaus im Spessart beschrieben hatte, und ich dachte,
daß es weitere zwanzig Jahre und mehr gedauert hatte, bis mir
dieser Bericht Mitte der Fünfziger in die Hände gefallen war,
entweder in dem Taschenbuch *rororotucholsky* oder in *Panter Ti-
ger und Co*, und dann, dachte ich, waren noch mal mehr als
zehn Jahre nötig gewesen, damit Waechter, Bernstein und ich
endlich das taten, was Jakopp, Karlchen und Tucholsky vierzig
Jahre zuvor bereits hinter sich gebracht hatten: »Die seit einem

Jahr angesagte, organisierte, verabredete, immer wieder aufge-
schobene und endlich zustande gekommene Fußtour beginnt.
Du großer Gott …«

Den italienischen *Rilke-Weg* entlangwandernd, dachte ich, daß
wir uns 27 Jahre zuvor auf dem deutschen *Tucholsky-Weg* gewähnt hatten, und ich versuchte mich zu erinnern, wer den ka-
pitalen Fehler zu verantworten hatte, der unsere sogenannte
Tucholsky-Nachfolge zu einem *Tucholsky-Nachfolge-Total-
fiasko* werden ließ und uns, die damaligen Freunde F. K. Waechter, F. W. Bernstein und mich, am Ende der vorgeblich auf
Tucholskys Spuren zurückgelegten Wanderung als das dastehen
ließ, was sich schon unheilvoll im Namen des auf den Wander-
karten als *Eselsweg* bezeichneten Wanderpfades angekündigt
hatte. Hier und heute, dachte ich in meiner *italienisch-deutschen
Vierergruppe*, war es absolut unzweifelhaft, daß wir auf Rilkes
Spur wanderten, doch damals bei der sogenannten *Tucholsky-
Nachfolge-Wanderung* war ich in meiner Treuherzigkeit und
Unwissenheit vollkommen den Irreführungsplänen der selbsternannten *Auf-den-Spuren-von-Tucholsky-durch-den-Spes-
sart-Wanderleitung* ausgeliefert gewesen, die selbstsicher darauf
bestanden hatte, der von Miltenberg nach Bad Orb führende
sogenannte *Eselsweg* sei eigentlich ein *Tucholsky-Weg*, da er der
Route der damaligen Dreierwandergruppe auf das gewissenhaf-
teste folge und selbstverständlich auch durch Mespelbrunn
führe, jenen Ort, den Tucholsky als die *Perle des Spessarts* bezeichnet und dadurch vor allen anderen Orten geadelt hatte,
daß er ihn zusammen mit Jakopp und Karlchen zum Übernach-
tungs- und Steinweinverköstigungsort gewählt habe. Daß es
unter solchen Voraussetzungen eine Selbstverständlichkeit für
uns, die rein deutsche *Tucholsky-Nachfolgegruppe*, gewesen
war, nicht nur ebenfalls in Mespelbrunn Quartier zu nehmen,
dachte ich auf meinem *Rilke-Weg*, sondern auch einen Zug
durch die mit mehreren Gaststätten gesegnete Gemeinde zu

starten, damit wir ganz sicher sein konnten, daß unser
Tucholsky-Gedächtnis-Steinwein-Trinken wenigstens partiell in
einer jener Gaststuben stattfand, in welcher vierzig Jahre zuvor
bereits Tucholsky mit Jakopp und Karlchen sich wegen der
Frage in die Haare bekommen hatte, welcher der von ihnen ver-
köstigten Weine das so rare wie beglückende Phänomen des
Nachmöpselns aufweise. Heute gelten der Waechter und der
Bernstein als phänomenale Wegbereiterfiguren, dachte ich in
meiner *italienisch-deutschen Vierergruppe*, heute gehört Waechter zu den meistgespielten Autoren des deutschen *Kinder- und
Jugendtheaters*, und heute ist Bernstein der einzige deutsche
»Professor für Bildgeschichte und Cartoon«, aber damals,
dachte ich, waren diese heutigen Jugendführer selbsternannte
Wanderleiter, die mir antaten, was sie heute der ganzen deutschen Jugend antun, weil sie nie etwas anderes gelernt haben, als
andere in angemaßter Wanderleitungsusurpation durch falsche
Zielvorgaben ins Verderben zu führen. Damals glaubten wir einen gemeinsamen Weg zu gehen, dachte ich auf meinem italienischen *Rilke-Weg*, und, daß wir einen guten Grund für diesen
Glauben hatten, da eben erst unser gemeinsam geschriebenes
und gezeichnetes Buch *Die Wahrheit über Arnold Hau* in der
Frankfurter ›pardon‹-Bibliothek herausgekommen war. Damals
waren mir Waechter und Bernstein noch als geniale Lebens-
führungs- und Kunstbegleitungs-Figuren erschienen, dachte
ich, und heute weiß ich, daß sie nichts weiter waren als ganz
normale Irreführungsgestalten, denen ich niemals auf die sogenannte *Tucholsky-Nachfolge-Wanderung* hätte folgen dürfen.
Denn als ich nach dreitägiger Wanderung heimkehrte und noch
einmal in meinem Tucholsky nachlesen wollte, was alles ihm im
Jahre 1927 auf seiner *Dreier-Spessart-Wanderung* zugestoßen
war, da mußte ich nicht lange suchen, um auf jene Zeile zu
stoßen, die unsere ganze sogenannte *Tucholsky-Nachfolge-Wanderung* zum vollständigen *Tucholsky-Nachfolge-Fiasko* degra-

dierte: »Miltenberg, Mespelbrunn und Heiligenbrücken: vergessen.« War es Waechter gewesen, der in seinem *Tucholsky-kennertumwahn* auf einer Übernachtung in Mespelbrunn bestanden hatte, dachte ich in meiner *italienisch-deutschen Vierergruppe*, oder war diese denkbar geistfernste *Tucholskyverkennungsentscheidung* von Bernstein ausgegangen? Auf jeden Fall war unser in Mespelbrunn veranstaltetes sogenanntes *Tucholsky-Gedächtnis-Steinwein-Trinken* nicht ohne Folgen geblieben, dachte ich, da Bernstein – oder war es Waechter gewesen – in jedem Lokal auf mehreren Verköstigungen bestanden hatte, da nur so, sagte Waechter – oder hatte es Bernstein gesagt –, gewährleistet würde, daß wir auch wirklich eine der bereits von Tucholsky, Jakopp und Karlchen verköstigte Weinsorte kennenlernten und mit ihr das Phänomen des *Nachmöpselns*. Dieses *Nachmöpseln* aber, dachte ich auf meinem *Rilke-Weg*, hatte Bernstein – oder war es Waechter gewesen – bei den meisten, eigentlich bei allen verköstigten Weinen *schmerzlich*, sagte er, *schmerzlich* vermissen müssen, bis ihm – oder war es Bernstein – die Erleuchtung gekommen war, daß offene Weine ja gar nicht *nachmöpseln* könnten, weil dieses Phänomen bisher, und das nicht zuletzt von Tucholsky, bei aus Bocksbeuteln ausgeschenkten Weinen beobachtet worden sei. Worauf, dachte ich, auf Veranlassung von Waechter – oder Bernstein – diverse Bocksbeutelflaschen aufgefahren worden waren, bis sich endlich beide, Bernstein und Waechter, darauf geeinigt hatten, daß dieser Wein hier entschieden *nachmöpsele*, was beide, dachte ich, zum Anlaß nahmen, zur Feier des Tages sogleich einen weiteren Bocksbeutel des betreffenden Weines zu ordern, um daraus feierlich den *Kurt-Tucholsky-Nachmöpsel-Gedächtnisschluck* zu trinken, ein Hundsfott, wer sich da ausschließe. Dabei hatte ja meine Tucholsky-Überprüfung nach vollendeter sogenannter *Tucholsky-Nachfolge-Wanderung* ergeben, daß es gar nicht Mespelbrunn gewesen war, wo die damalige Dreiergruppe derart dem Steinwein zugesprochen und Tucholsky am Tag darauf die Worte »Wir hätten nicht soviel Steinwein trinken sollen« notiert hatte, sondern Lichtenau, dachte ich auf meinem italienischen *Rilke-Weg*, und, daß er nicht Mespelbrunn als *Die Perle des Spessarts* bezeichnet hatte, sondern Lichtenau. Durch Lichtenau aber, dachte ich, waren wir mit dickem Kopf zur Mittagszeit gestolpert, am Tage nach unserem Mespelbrunner *Pseudo-Tucholsky-Steinweintrinken*, und ich hatte mich nicht einmal in dem ansprechenden Weiler umschauen dürfen, weil die selbsternannte Wanderleitung darauf drängte, vor Einbruch der Dunkelheit noch Schöllkrippen zu erreichen, angeblich immer noch auf den Spuren Tucholskys. Dabei hatte Tucholsky Schöllkrippen in seinem Reisebericht mit keinem Wort erwähnt, dachte ich in meiner *italienisch-deutschen Vierergruppe*, dafür aber Lichtenau:»Lichtenau; Sonnabend. Die Perle des Spessarts.« Dort, dachte ich, hätten wir in vollkommenster Sicherheit unseren Steinwein genau da trinken können, wo ihn bereits Tucholsky, Jakopp und Karlchen zu sich genommen hatten, da es in diesem Weiler bis auf den heutigen Tag lediglich ein Gasthaus gibt. Anstatt mich mit dickem Kopf von einer selbsternannten Wanderleitung ins vollkommen tucholskyfremde Schöllkrippen treiben zu lassen, dachte ich, hätte ich mir lieber einen Schluck gegen den Nachdurst in Tucholskys Spessart-Perle Lichtenau genehmigen sollen. Die ganze gänzlich tucholskyferne Herumtrinkerei in Mespelbrunn hätten wir uns ebenso sparen können, dachte ich auf meinem italienischen *Rilke-Weg*, wie die ständig von Waechter – oder war es Bernstein – aufgeworfene geistverderbende und in der Konsequenz körperzerstörende Frage, ob der Wein denn auch wirklich *nachmöpsele*. Schon oberflächlichste Tucholsky-Lektüre hätte ergeben, dachte ich, daß das *Nachmöpseln* nichts über die Qualität eines Weines aussagt, sondern von seiner Verderbtheit zeugt. Daß es, dachte ich, damals vor gut siebzig Jahren in Lichtenau ursprünglich um die Frage gegangen war, ob einer der servierten Steinweine nach Korken schmecke, und daß daraufhin ein Gast zwischen den Streithähnen Tucholsky, Jakopp und Karlchen einerseits und dem Wirt andererseits mit den folgenden Worten zu vermitteln versucht hatte: »Meine Herren, der Wein schmeckt nicht nach dem Korken! Wenn er nach dem Korken schmeckt, dann möpselt es nach –!« Daß weder Tucholsky noch Jakopp noch Karlchen gewußt hatten, was *nachmöpseln* bedeute, dachte ich in meiner *italienisch-deutschen Vierergruppe*, und daß das Wort vermutlich aus diesem Grunde sofort derart in ihrer aller Sprachschatz übergegangen war, daß Tucholsky bereits am nächsten Tag notieren konnte: »Lichtenau; Sonntag. Bei uns dreien möpselt es heute heftig nach.« Lichtenau, dachte ich auf dem italienischen *Rilke-Weg*, und nicht Miltenberg oder Mespelbrunn oder Schöllkrippen oder irgendein anderer Ort längs des *tucholskyfeindlichen Eselsweges*, den diese *lebensverneinende Irrwanderleitung* mich samt meinem dicken Kopf entlangtreiben zu müssen geglaubt hatte. Daß mir erst bei der nachträglichen Tucholsky-Lektüre deutlich geworden war, daß all dem ein Plan zugrunde lag, dachte ich, und, daß meine damaligen Scheinfreunde Waechter und Bernstein, diese Provinzwanderführer und Tucholsky-Spurenleser-Nieten von damals und Staatstheaterschmarotzer und Staatspfründner von heute, mich im Spessart durch die sogenannte *Tucholsky-Nachfolge-Wanderung* gehetzt hatten, weil sie meinen schöpferischen Lebensnerv treffen wollten. Daß sie mich durch Alkoholgenuß in Verbindung mit Gewaltmärschen schachmatt hatten setzen wollen, dachte ich auf meinem *Rilke-Weg*, weil sie in mir instinktiv den einzigen legitimen Tucholsky-Nachfolger gesehen hatten, dem naturgemäß nicht anders beizukommen war als durch eine sogenannte *Tucholsky-Nachfolge-Wanderung*, die in Wirklichkeit nichts anderes gewesen war als vollkommen tucholskyfeindlich und vollständig gernhardtverachtend. Daß Waechter

und Bernstein sich an die Stelle von Tucholsky und seinem legitimen Nachfolger hatten setzen wollen, dachte ich in meiner
italienisch-deutschen Vierergruppe, damit sie sich all das, wie
man sagt, unter den Nagel reißen konnten, was kunstfeind-
lichen Wanderführernieten gewöhnlich vorenthalten wird: die
nach ihnen benannten Wege oder Häuser oder Grünanlagen.
Daß ihre Rechnung dabei war aufzugehen, dachte ich, jedenfalls
partiell, da es zwar noch kein Bernstein-Haus gab, aber doch
schon ein *Bernstein*-Zimmer, und zwar noch keinen Waechter-
Park, aber doch schon viele Park-*Waechter*. Während es, dachte
ich auf meinem *Rilke-Weg*, weit und breit immer noch keinen
Gernhardt-Weg gab und keine Gernhardt-Linde, keinen Gern-
hardt-Stein und keine Gernhardt-Quelle, und auch naturgemäß
nie geben würde, weil die beiden ehemaligen selbsternannten
Wanderführer und heutigen staatspfründnerischen Jugendver-
führer niemals, dachte ich, von ihrem *Gernhardt-Auslöschungs-
werk* abgelassen hatten, sondern die Karriereleiter ja nur deshalb bis in die höchsten Höhen der Kultur- und Jugendverder-
bung erklommen hatten, um desto totaler in den Kinder- und
Jugendköpfen all das austilgen zu können, was je an Gernhardt
erinnert hatte oder jemals an ihn erinnern würde. Vor 29 Jahren
waren sie mir als die besten Menschen und die vorbildlichsten
Künstler erschienen, dachte ich in meiner *italienisch-deutschen
Vierergruppe*, und es hatte lange gedauert, bis ich ihre vollkommen verkommene *Tucholsky-Feindlichkeit* und *Gernhardt-Zer-
störungslust* durchschaut und mich von ihnen befreit hatte.
Heute sagen sie hinter meinem Rücken, ich hätte sie, die mich
jahrelang moralisch und künstlerisch über Wasser gehalten
hätten, ausgenützt, dachte ich, und sie stellen es so dar, daß
sie sich von mir befreit hätten, daß sie sich von mir hätten be-
freien müssen, um nicht vollständig von mir ausgesaugt und
auf *Tucholsky-Nachfolge-Wanderungen* verschlissen zu werden. Dabei hatte ich sie damals doch nur retten wollen, als ich

Waechter und Bernstein dadurch von ihrer bodenlosen Faulheit und abstoßenden Antriebsschwäche zu erlösen versucht hatte, daß ich ihnen den Vorschlag einer *Tucholsky-Nachfolge-Wanderung* unterbreitete. Daß ich daraufhin alles und jedes hatte organisieren müssen, was mit dieser Wanderung zusammenhing, dachte ich, weil Waechter selbst die elementarsten Kenntnisse zur Vorbereitung einer solchen *Tucholsky-Nachfolge-Wanderung* gefehlt hatten und weil Bernstein viel zu unbeweglich gewesen war, um den Gedanken einer Wanderung auch nur zu denken, ganz zu schweigen von der Inangriffnahme einer handfesten Vorbereitung wie dem Kauf einer Spessart-*Wanderkarte* und der Festlegung der *Tucholsky-Nachfolge-Wanderroute*. Daß die gesamten Wandervorbereitungen der *vollkommen deutschen Dreiergruppe* mal wieder an mir hängengeblieben waren, dachte ich in meiner *italienisch-deutschen Vierergruppe*, an mir, dem Kümmerer vom Dienst. Daß ich die Route festgelegt hatte, dachte ich, und daß ich wie man sagt *den Kopf so voll hatte*, daß ich guten Glaubens festlegte, die *Tucholsky-Nachfolge-Wanderung* habe von Miltenberg über Mespelbrunn nach Schöllkrippen zu führen. Daß ich vor lauter Vorbereitungen gar nicht mehr dazu gekommen war, Tucholskys Text noch einmal zu lesen, dachte ich auf meinem *Rilke-Weg*, und, daß mir das auch nicht viel genützt hätte, weil meine Überprüfung nach der Wanderung ergeben hatte, daß der angebliche Wanderbericht des *Gernhardt-Vorläufers* Tucholsky ganz und gar abgestellt war auf Leserverwirrung und Wandererirreführung. Daß der Verfasser von *Das Wirtshaus im Spessart* durch *Heiligenbrücken* gewandert sein will, dachte ich, wo die Landkarte doch nur einen Ort namens *Heigenbrücken* zu nennen weiß; daß der Spessartwanderer von einem Kloster Bronnbach schwärmt, welches gar nicht im Spessart gelegen ist; daß der dicke Mann allen Ernstes eine Wanderroute zurückgelegt zu haben behauptet, deren einziger Zweck nur der sein kann, *Nachfolge-Wanderer* in den

Wahnsinn oder ins Verderben zu treiben, da nicht einmal ein so erfahrener und durchtrainierter Wanderführer wie ich sie schaffen könnte, geschweige denn die von Steinwein geschwächten und von Fußkrankheiten heimgesuchten Freunde Jakopp und Karlchen: Sonnabend – Würzburg; Sonntag – Ochsenfurth; Montag – Iphofen; Mittwoch – Kloster Bronnbach; Donnerstag – Miltenberg, Mespelbrunn, Heiligenbrücken; Freitag – Hier und da; Sonnabend – Lichtenau; Sonntag – Lichtenau; Montag – In einem Weindorf; Dienstag – Heimbuchenthal; Mittwoch – Würzburg: Das spätestens, dachte ich auf meinem italienischen *Rilke-Weg*, ist eine absolute Unmöglichkeitsentfernung, da die Strecke gut vierzig Kilometer beträgt, eine Distanz, die bereits den Mittzwanzigern Waechter, Bernstein und mir Mühe gemacht hätte, die aber für die Spätdreißiger Tucholsky, Jakopp alias Hans Fritsch und Karlchen alias Dr. Erich Danehl in ihren fotografisch belegten, ganz und gar wanderabträglichen Stadtanzügen, Kniebundhosen, Westen, Schlipsen und Schnürschuhen trotz handfester Wanderstöcke mit an Sicherheit grenzender Wahrscheinlichkeit nicht zu schaffen gewesen wäre. Daß die drei all diese Strecken im September 1927 zurückgelegt haben wollten, dachte ich, und, daß ich in meiner *italienisch-deutschen Vierergruppe* siebenundsechzig Jahre später den *Rilke-Weg* ebenfalls im September entlangwanderte. Immer schon hatte ich das Septemberlicht geliebt, von Jahr zu Jahr mehr, dachte ich, so daß ich halbtrunken dem *Rilke-Weg* gefolgt war, durchgehend in Gedanken und zugleich durchgehend im Rausch des Schauens auf das ständige, große Silberblau aus Meer und Himmel, ein Himmel, der sich vom Meer einzig durch die bereits tiefstehende Lorrain-Sonne unterschied. So stark hatte das Anzuschauende mich berauscht, dachte ich, daß ich gar nicht mehr Herr meiner Gedanken und Sinne gewesen war, denn erst jetzt, im Moment des Innehaltens, erkannte ich, was ich bereits seit längerem hätte bemerkt haben müssen: daß von einer *italie-*

nisch-deutschen Vierergruppe, in der ich mich bewegte, nicht mehr die Rede sein konnte. Allein nämlich stand ich an der septemberlich hellen Steilküste, sah zur Rechten, tief unter mir und weit entfernt, die Silhouette des Schlosses Duino und sah links den weißleuchtenden abgründigen Karst, sah aber nirgendwo meine drei Gefährten. Daß ich sie hinter mir gelassen haben mußte, dachte ich, und daß ich gut daran täte, unverzüglich eine kleine Rast einzulegen. Entlang des *Rilke-Weges* hatten immer wieder Schilder gestanden, die durch weiße Schrift auf braunem Grund, vor allem aber durch das Piktogramm des ausschreitenden Wortes *Rilke*, dem Wanderer mitgeteilt hatten, wo er sich gerade befand und wohin der Weg führte. Daß ein neuerliches Schild nach rechts wies, stellte ich fest und sah, daß es auf eine pittoreske Felsnase hinwies, eine große Plattform, die über breite, in den Fels gehauene Stufen zu erreichen war, und deren schierer Anblick bereits den Ausblick erraten ließ, der sich von diesem Felsvorsprung bieten mußte, welcher einer Rampe gleich jäh ins Nichts ragte. Rasch stand ich am Abgrund, lange schaute ich von dort aus in das von spätem Licht erfüllte Blau, da veranlaßten mich Geräusche, mich umzudrehen. Daß endlich die restlichen drei Wanderer unserer *italienisch-deutschen Vierergruppe* kämen, dachte ich, und ich dachte es auch noch, als ich bereits zu ahnen begann, daß die Vermutung allein deswegen nicht zutreffen konnte, weil kein Mitglied unserer Gruppe mit einem Spazierstock bewaffnet gewesen war. Und seit wann trug meine italienische Gastgeberin einen Straßenanzug mit Kniebundhosen, dachte ich, seit wann meine Gefährtin eine zugeknöpfte Weste samt Schlips über rundlichem Leib, seit wann der Freund Schnürschuhe, Rucksack und Brille? Gemessenen Schrittes und unter munteren Reden kamen die drei näher und näher. Meiner nicht achtend, wandte sich der Rundliche an die Gefährten und sagte, indem er auf die Felsnase deutete: Nun seid doch mal wenigstens einen Moment lang ernst, ihr beiden!

Wißt ihr überhaupt, wo ihr euch befindet? Vor euch stürzt der berühmte Gernhardt-Felsen ins Meer! Nacheinander traten nun die drei auf die Plattform, noch immer ohne mich zur Kenntnis zu nehmen – was, dachte ich, auf die blendende Sonne zurückzuführen war –, so daß ich unerkannt dem Gespräch folgen konnte, welches die Wanderer miteinander führten. Sag mal, Kurt, wieso ist das der Gernhardt-Felsen, fragte der eine. Und wieso, lieber Tucho, ist der berühmt, setzte der andere hinzu. Sich nach einem Stein bückend, erwiderte Tucholsky, der Felsen sei berühmt, weil der Gernhardt sich von ihm gestürzt habe, und der Gernhardt sei berühmt, weil er sich von diesem Felsen gestürzt habe. Dann, sich erhebend, schleuderte er den dunklen Stein in den gleißend hellen Spätnachmittagshimmel, worauf wir alle seinen Flug verfolgten, bis er sich, ins Helle gekippt, im Blau des Meeres verlor.

Aber da muß ein Irrtum vorliegen, rief ich aus und trat, um auch wirklich sicherzugehen, daß ich wahrgenommen würde, mitten zwischen die drei: Der Gernhardt hat sich niemals von dieser Klippe gestürzt!

Nein? entgegnete Tucholsky und richtete seine dunklen Augen nachdenklich auf mich. Nun, was nicht ist, kann ja noch werden, sagte er. Und, fügte er hinzu, wer nicht springen will, muß fühlen.

Was, fragte ich, und ahnte doch bereits die Antwort.

Daß er nicht so berühmt ist, versetzte Tucholsky lächelnd.

Nicht so berühmt wie wer?

Wie jene, die bereit waren und die bereit sind, für ihren Ruhm auch Opfer zu bringen, sagte Tucholsky, während er sich nach einem weiteren Stein bückte. Oder hängst du immer noch dem Kinderglauben an, der Ruhm falle dir mirnichtsdirnichts in den Schoß? Ruhm will erlitten, erstritten, erworben und erstorben sein. Was in deinem Fall heißt: Ersprungen.

Ich werde aber nicht springen, rief ich aufstampfend aus. Das wird nie und nimmer geschehen. So wichtig ist mir dieser Ruhm denn nun doch nicht.

Möglicherweise denkt einer der beiden Herren hier anders, fragte Tucholsky und richtete seinen Wanderstock auf seine beiden Begleiter, die ich naturgemäß für Jakopp und Karlchen gehalten hatte. Vielleicht verlangt es einen von euch beiden zu springen.

Wer sind die zwei überhaupt, fragte ich von jäher Gewißheit erfüllt.

Die gerade Ihnen doch wohl hinlänglich bekannten Wanderer F. K. Waechter und F. W. Bernstein, erwiderte Tucholsky lächelnd und schleuderte wie zur Ermutigung den Stein in die Tiefe.

Ihr wollt springen? fragte ich ungläubig, während die beiden an den Rand der Felsnase traten.

Warum nicht, fragte der eine der beiden. So ein Waechter-Felsen, der könnte mir schon gefallen.

Nach Lage der Dinge wird das ja wohl eher ein Bernstein-Felsen, erwiderte der andere und wippte mit den Füßen.

Weder – noch, rief ich dazwischen, ein Gernhardt-Felsen wird das!

Mit einem zornigen Auflachen rannte ich auf den Abgrund zu. Daß hier nur Platz für einen war, dachte ich, und, daß der naturgemäß mir zustand, mir, mir, mir. Immer rasender näherte ich mich dem Abgrund, die Arme wie zum Fliegen ausgebreitet und die Augen trunken in die Septembersonne gerichtet, in den goldnen Überfluß der Welt, von wem war das noch mal, dachte ich, und wollte bereits zum letzten Sprung ansetzen, als eine scharfe Bemerkung Tucholskys mich jäh und im allerletzten Moment innehalten ließ. Was hatte der rundliche Herr da gesagt?

Ja – was?

Ernst Jandl

Mit Ottos Mops *hat Ernst Jandl das – glaubt man Umfragen – zweitpopulärste Gedicht deutscher Zunge geschrieben, nach* Goethes Wanderers Nachtlied.

Dieses Nachtlied *ist unendlich oft parodiert worden, ein Schicksal, das* Ottos Mops *schon deswegen nicht teilen konnte, weil bereits komische Gedichte gegen Lächerlichmachungen aller Art resistent sind. Gegen Weiterdichtungen freilich sind auch sie machtlos: Die deutsche Sprache kennt außer dem O bei Gott ja noch mehr Vokale.*

Aber lesen Sie vorerst das Vorbild –

Ottos Mops

ottos mops trotzt
otto: fort mops fort
ottos mops hopst fort
otto: soso

otto holt koks
otto holt obst
otto horcht
otto: mops mops
otto hofft

ottos mops klopft
otto: komm mops komm
ottos mops kommt
ottos mops kotzt
otto: ogottogott

Ottos Mops ond so fort
Ein Beitrag zum integrativen Deutschunterricht

Annas Gans

annas gans aast
anna: ab gans ab
annas gans rast ab
anna: aha

anna sagt: ach
anna sagt: angst
anna klagt
anna: gans gans
anna mahnt

annas gans scharrt
anna: ran gans ran
annas gans naht
annas gans kackt
anna: hahaha

Gudruns Luchs

gudruns luchs knurrt
gudrun: kusch luchs kusch
gudruns luchs kuscht
gudrun: gut luchs gut

gudrun sucht: huhu luchs
gudrun ruft: kumm luchs kumm
gudrun flucht: luchs futsch
gudrun schluchzt: luchs putt

gudruns luchs schnurrt
gudrun juchzt: luchs pur
gudruns luchs pupt
gudrun ulkt: luxus purpur
gudruns luchs murrt: unfug gudrun
gudrun: schluchzschluchzschluchz

Gittis Hirsch

gittis hirsch hinkt
hirsch: hilf gitti hilf

gitti nimmt zimt
gitti nimmt zwirn
gitti nimmt filz
gitti nimmt hirn

gitti nimmt milz
gitti nimmt gin
gitti mischt

gitti winkt
gitti: trink hirsch trink

gittis hirsch nippt
gittis hirsch trinkt
gittis hirsch quillt
gittis hirsch sifft
gittis hirsch stinkt
gittis hirsch rinnt
gittis hirsch pißt

hirsch: gift gitti gift
gittis hirsch stirbt
gitti: igittigitt

Enzensbergers Exeget

enzensbergers exeget hechelt
enzensberger: geh her exeget
enzensbergers exeget fleht
enzensberger: nee exeget nee
enzensbergers exeget kleckert
enzensberger: ekelerregend
enzensbergers exeget quengelt:
elender enzensbergerexegetenschelter
enzensberger: nervender esel
enzensbergers exeget flennt
enzensberger: hehehe

Ror Wolf

Form und Verlauf des folgenden Gedichts sind von Ror Wolfs ungemein suggestiven Gedichten rund um hans waldmann *angeregt worden.*

Entstehungsgeschichte
Für Ror Wolf

Dichter Dorlamm will ein Epos schreiben,
»Das«, sagt seine Frau, »läßt du hübsch bleiben.«

»Macht nichts«, sagt er, »wird's halt ein Roman.«
Doch die Frau verbietet's ihrem Mann.

»Also gut«, sagt er, »dann wird's ein Stück.«
Aber seine Frau pfeift ihn zurück.

»Wenn das so ist, wird's halt 'ne Geschichte.«
Seine Frau macht diesen Plan zunichte.

»Nein? Dann schreib ich eben eine Fabel.«
Seine Frau greift nach der Bratengabel.

»Keine Fabel? Gut. Eine Ballade.«
Seine Frau verfolgt ihn ohne Gnade.

»Nein, mein Schatz? Wie wär's mit ein, zwei Oden?«
Seine Frau wirft ihn gekonnt zu Boden.

»Liebling, halt! Ich schreib dir eine Karte!«
»Abgemacht«, sagt seine Frau, »ich warte!«

Dorlamm aber fuhr noch auf der Stelle
mit dem 10 Uhr 20 Zug nach Celle.

Potpourri

Goethe

Vom Vater hat er die Statur,
Des Lebens ernstes Führen,
Von Mütterchen die Frohnatur
Und Lust zu fabulieren.

Heine

Denkt er an Deutschland in der Nacht,
Dann ist er um den Schlaf gebracht,
Er kann nicht mehr die Augen schließen,
Und seine heißen Tränen fließen.

Nietzsche

Er wohnt in seinem eigenen Haus,
Hat niemandem nie nichts nachgemacht
Und – lachte noch jeden Meister aus,
Der nicht sich selber ausgelacht.

Rilke

Er lebt sein Leben in wachsenden Ringen,
die sich über die Dinge ziehn.
Er wird den letzten vielleicht nicht vollbringen,
aber versuchen will er ihn.

Benn

In seinem Elternhaus hingen keine Gainsboroughs
wurde auch kein Chopin gespielt
ganz amusisches Gedankenleben
sein Vater war einmal im Theater gewesen
Anfang des Jahrhunderts
Wildenbruchs »Haubenlerche«
davon zehrten sie
das war alles.

Brecht

Er, Bertolt Brecht, ist aus den schwarzen Wäldern.
Seine Mutter trug ihn in die Städte hinein
Als er in ihrem Leibe lag. Und die Kälte der Wälder
wird in ihm bis zu seinem Absterben sein.

Ingeborg Bachmann

Abends fragt sie ihre Mutter
heimlich nach dem Glockenläuten,
wie sie sich die Tage deuten
und die Nacht bereiten soll.

In eigener Sache

Wer in Zungen redet, steht, sofern er Dichter und nicht Apostel ist, hier und heute unter Rechtfertigungsdruck. Seit die Stürmer und Dränger im ausgehenden 18. Jahrhundert das Originalgenie auf den Schild hoben, verlangen Kritik und Leserschaft bereits vom dichtenden Anfänger die unverwechselbare, eigene, eben: originale oder doch zumindest originelle Stimme – wie erst vom reifen oder doch zumindest gereiften Dichter. Was wäre solchen Forderungen entgegenzuhalten? Vielleicht dies hier: Ein vielfach abgetönter Blütenstrauß aus Feld, Wald und Buch, richtiger: aus Natur, Naturkunde und Literatur zum Thema

Die Spötter und der Kuckuck

»Der Spötter« – wir zitieren Hermann Pauls »Deutsches Wörterbuch« – »wird auch ›Spottvogel‹ genannt«, und das ist einer, »der andere Tierlaute nachahmen kann.« Als Beleg wird eine Textstelle von Sebastian Brant aus dem Jahre 1494 angeführt: »der häher eyn Spottvogel ist.«
Ausgerechnet der Häher? Seiner rätschenden Warnschreie wegen hat ihn der Volksmund zum »Polizisten des Waldes« ernannt, und sein avifaunistisches Tatütata hat wenig mit dem zu tun, was den wahren »Spötter« ausmacht. Der nämlich ist laut »Brockhaus Enzyklopädie« eine »den Grasmücken zugeordnete Gattung kleiner Singvögel in sechs Arten«, und die Fähigkeit, welcher sie ihren Namen verdanken, ist das »Spotten, ornithol. Bezeichnung für die völlige oder teilweise Übernahme artfremder Gesangs- oder Lautmotive aus der Umwelt durch

die Vögel ... Spotten kann im extremen Fall zum Nachsprechen von Sätzen des Menschen führen.«

Bleiben wir beim Normalfall. Normalerweise singen Vögel. Warum? Hören wir, was Spillner und Ziendahl in ›Feldornithologie. Eine Einführung‹ zu sagen wissen: »Die Strukturen des angeborenen Gesangs sind ein Isolierungsmechanismus zwischen verwandten Arten, die in demselben Lebensraum vorkommen, wie beispielsweise Sprosser und Nachtigall. Die Nachkommen erwerben die Anlagen ihrer artspezifischen Gesangsform. Sie kann durch Lernen von Gesangselementen der eigenen Art vervollkommnet werden, oder die Bestandteile anderer, artfremder Gesänge werden hinzugefügt.«

Nicht alle Sänger sind also Spötter, aber alle »Spötter« sind begnadete Sänger, nicht nur die, welche schon durch ihren Namen als des Spottens mächtig ausgewiesen werden. Hans Wilhelm Smolik kann in dem von ihm verfaßten »rororo-Tierlexikon« nicht vom Spötter reden, ohne zugleich einen weiteren Vogel zu nennen. Zum Stichwort »Gelbspötter, Orpheusspötter« sagt er – aber halt! An dieser Stelle ist mir ein schnödes »Weiter im Text« unmöglich. Hier drängt es mich, auf die wundersame Paarung des eindeutigen Urbilds aller Dichter und Sänger, Orpheus, mit dem so zweideutigen Begriff »Spötter« hinzuweisen: Was will uns unsere Sprache damit nun schon wieder sagen? Aber weiter im Text! »Baumbewohner und Sommervögel« seien die Orpheusspötter, schreibt Smolik, und er fährt fort: »Ihr Vermögen, andere Vogellieder nachzuahmen und mit eigenem zu verknüpfen, gab ihnen den endgültigen Namen. (Ähnlichkeit mit dem Gesang der Rohrsänger.) Doch sind ihre Lieder zweifellos wohltönender und abwechslungsreicher, obwohl sie von einigen Spöttern etwas leiernd vorgetragen werden.«

Der Name einer weiteren Grasmückengattung ist gefallen, der des Rohrsängers; zugleich hat sich Smolik als Vogelgesangskritiker geoutet, der dem Orpheusspötter die Palme reicht und den

Rohrsänger ins zweite Glied verweist. Eine Meinung, in welche beileibe nicht alle Vogelkenner miteinstimmen: »Sein Gesang besteht fast nur aus Nachahmungen anderer Vogellaute«, schreibt Einhard Bezzel in seinem »Bestimmungsbuch«, und er befindet: »Sumpfrohrsänger sind die talentiertesten Nachahmer (›Spötter‹) in der einheimischen Vogelwelt.«

Bezzel ist nicht der einzige, den der Gesang der Teich-, Sumpf- und Schilfrohrsänger beeindruckt hat. In dem Buch »Vögel«, er- schienen in der dtv-Reihe »Kleine Philosophie der Passionen« rühmt Arnulf Conradi die äußerlich so unscheinbaren Vögel, ja, er besingt sie geradezu: »Die Gesänge aller drei, vor allem die von Schilfrohrsänger und Sumpfrohrsänger, sind ungeheuer vi- tal und unterhaltsam. Die Vögel überschlagen sich vor Eifer, im- mer noch mehr Wendungen in den lauten, meist wohltönenden, manchmal meckernden, aber immer dahineilenden Strom ein- zubauen. Wenn man sie das erste Mal hört, will man einfach nicht glauben, daß ein einzelner Vogel solche Kaskaden von sich geben kann. Man ertappt sich dabei, wie man mit dem Ober- körper oder Kopf ›mitgeht‹.«

Doch Conradi weiß nicht nur seine eigene Bezauberung in schöne Worte zu fassen, er nennt und zitiert auch Rohrsänger- Sänger älterer Zeiten, zum Beispiel Hermann Löns, der in ei- nem »wunderbaren, kleinen Aufsatz« über diese Vögel gesagt hat: »Urlehrmeister der Rohrsänger sind Rohr und Welle, Frosch und Wasserhuhn.«

»Die Nachtigall der Marschgegenden« habe Johann Friedrich Naumann den Sumpfrohrsänger genannt, schreibt Conradi, und zitiert ausführlich aus dem »Hymnus«, den dieser in der er- sten Hälfte des 19. Jahrhunderts tätige Wegbereiter der Feldor- nithologie und künstlerisch hochbegabte Vogelmaler über das Lied des Sumpfrohrsängers verfasst hat: »Es besteht aus einer Menge höchst abwechselnder Strophen, wovon viele sanftpfei- fend und wirklich flötend sind, manche auch wieder eine täu-

schende Nachahmung anderer Vogelstimmen zu sein scheinen.
Bald flötet die eine Strophe, als wenn sie aus dem Gesange einer
Drossel entlehnt wäre; bald sind es zwitschernde und schir-
kende Töne, die auf einmal in hellpfeifende oder sanft lullende,
in auf- und absteigende, in kurz abgebrochene oder in ge-
schleifte übergehen; bald folgen Töne, wie aus einem der Gesänge der Garten- oder Mönchsgrasmücke erborgt, dann wieder die wiederholt nachgeahmten Lockstimmen der Rauchschwalbe, der Kohlmeise, selbst sperlingsartige Stimmen in dem
buntesten Gemisch, daß man nicht satt wird, ihm zuzuhören.«
Fünf Vorbilder des Sumpfrohrsängers nennt Naumann – Drossel, Grasmücke, Rauchschwalbe, Kohlmeise und Sperling –,
doch ist das nur ein Bruchteil der Zungen, in denen dieser Vogel
zu singen weiß. Das jedenfalls weiß Conradi: »Die Nachahmung von bis zu fünfzig fremden Stimmen, darunter auch solchen, die er in Afrika aufgeschnappt hat, haben Ornithologen
aus dem Gesang dieses Imitationskünstlers herausgehört.«
Halten wir für einen Moment inne, bevor wir uns dem zweiten
Protagonisten der Überschrift zuwenden, dem Gegenspieler,
wenn nicht Gegner des Rohrsängers, dem Kuckuck.
Wenn wir die Urteile über den Gesang der Rohrsänger in aller
Eile Revue passieren lassen, so fällt auf, daß kein Kritiker an der
unleugbaren Tatsache der Stimmenimitation Anstoß nimmt.
Statt die Stimmenklauer des Plagiats, der Unpersönlichkeit oder
mangelnder Originalität zu zeihen, verzeihen ihnen die bezau-
berten Zuhörer offenbar alles: »Talentiert« wird ihr Gesang genannt und »vital«, »wohltönend« und vor allem »unterhaltsam«, »höchst abwechselnd«: »daß man nicht satt wird, ihm zuzuhören.«
Bewahren wir diese Worte im Herzen, aber schalten wir rasch
noch einmal unseren Verstand ein: »Warum spotten die Spötter
eigentlich?« Conradi wagt keine eindeutige Antwort: »Wie so
vieles in der Ornithologie ist auch dieses Kapitel der Forschung

keineswegs abgeschlossen. Eines scheint klar: Die Männchen singen, um ein Weibchen anzulocken, und dann, um die Herrschaft über ein Revier anzumelden. Aber braucht es dazu dieses sängerischen Überschwangs? Vielleicht haben sie noch weit mehr mitzuteilen: ihre Art natürlich, ihr Geschlecht, ihren ›Familienstand‹, ihre Kraft, ihre Entschlossenheit, das Revier zu verteidigen, und ähnliches.«

Vergleichbar zurückhaltend äußert sich auch ›Herders Lexikon der Biologie‹: »Die Funktion des Spottens ist unklar, da die imitierten Arten auf die (häufig stark verzerrten) Laute ihres Repertoires kaum oder nicht reagieren, so daß sie nicht der interspezifischen Revierabgrenzung dienlich sind. Es wird vermutet, das Spotten täusche generell fremden und eigenen Artgenossen eine höhere Besiedlungsdichte vor und vermindere so die Konkurrenz, oder es diene lediglich der Vergrößerung des eigenen Lautrepertoires ohne allzu großen Aufwand an Informationsverarbeitung. Letztere Annahme scheint zur Zeit am wahrscheinlichsten zu sein, aber angesichts der differenzierten Informationleistung von Papageien oder Beos erscheint die Erklärung noch nicht befriedigend. Die ökologische bzw. sozialbiologische Rolle des Spottens muß daher als bisher ungeklärt gelten.«

Setzen wir hinzu: Auch die artistische bzw. künstlerische Rolle. Zumal dann, wenn die Kunst des Sängers nicht so sehr darin besteht, sein Publikum durch Variation und Imitation zu unterhalten, sondern sich darin beweist, dem Zuhörer die eigene Botschaft unauslöschlich einzuprägen. Und welchem gefiederten Sänger wäre das besser gelungen als dem Kuckuck?

Er ist nicht der einzige Vogel unserer Breiten, der es fertiggebracht hat, nach seinem Ruf benannt zu werden. Auch dem Zilpzalp ist Vergleichbares gelungen, ich zitiere Einhard Bezzel: »Der Gesang ist auffallend und hat dem Vogel seinen Namen gegeben; er besteht aus monotonen Folgen wie ›zilp zalp‹ oder

›fzi fzü‹« – war es dieses Schwanken zwischen »zilp zalp« und »fzi fzü«, das den Zilpzalp niemals die Popularität des Kuckucks erreichen ließ? Oder hat es bereits das zweivokalige zilp-zalp trotz allen Anklangzaubers nicht mit der schlichten Silbenverdoppelung des Konkurrenten aufnehmen können? Wie immer: Vom Zilpzalp ist höchst selten die Rede, indes der im Vergleich zum ersteren geradezu einsilbige Kuckuck zum Gegenstand volkstümlicher Lieder – »Kuckuck, Kuckuck, ruft's aus dem Wald« – und kunstvoller Gedichte geworden ist. Zwei Dichter sollen hier zu Wort kommen, zwei Stimmen, die zweierlei eint: Beide bedienen sich kunstreich verschränkter Reime und beide üben unverstellte Kritik am Gegenstand ihres Gedichts. Den Anfang macht Christian Fürchtegott Gellert, der populärste Dichter deutscher Zunge in der zweiten Hälfte des 18. Jahrhunderts:

Der Kuckuck

Der Kuckuck sprach mit einem Star,
Der aus der Stadt geflohen war.
Was spricht man, fing er an zu schreien,
Was spricht man in der Stadt von unsern Melodeien?
Was spricht man von der Nachtigall?
»Die ganze Stadt lobt ihre Lieder!«
Und von der Lerche? rief er wieder.
»Die halbe Stadt lobt ihrer Stimme Schall!«
Und von der Amsel? fuhr er fort.
»Auch diese lobt man hier und dort!«
Ich muß dich doch noch etwas fragen;
Was, rief er, spricht man denn von mir?
Das, sprach der Star, das weiß ich nicht zu sagen;
Denn keine Seele redt von dir.

So will ich, fuhr er fort, mich an dem Undank rächen,
Und ewig von mir selber sprechen.

Ewig von sich selber zu sprechen – ist das lediglich die Rache
des nicht wahrgenommenen Sängers? Nicht auch das Erfolgs-
rezept all jener Schriftsteller und Dichter, die so lange ihr »Ich
Ich Ich« in den Wald hineinrufen, bis es endlich »Du Du Du«
echot?
Wie Christian Fürchtegott Gellert sieht auch Rainer Maria
Rilke im Kuckuck einen fragwürdigen, ja aufdringlichen Künstler. Sicherlich nicht zufällig sprechen beide Dichter vom
»schreien« bzw. »Schrein« des Vogels:

O erster Ruf wagrecht ins Jahr hinein –,
die Vogel-Stimmen stehn.
Du aber treibst schon in die Zeit dein Schrein,
o Kukuk, ins Vergehn –

– so distanziert beginnt Rilkes Kukuk-Gedicht, doch in der
zweiten Strophe wandelt sich der Dichter dem Gegenstand seiner Kritik spöttergleich an:

Da: wie du rufst und rufst und rufst und rufst,
wie einer setzt ins Spiel,

– ganz unbekümmert versucht sich der Dichter in kukukhaften,
wenn auch jambisch betonten U-Paarungen, um dem Vogel sodann von Sänger zu Sänger, richtiger: von Spötter zu Kukuk
fachmännisch seine Kunstlosigkeit unter den Schnabel zu rei-
ben:

und gar nicht baust, mein Freund, und gar nicht stufst
zum Lied, das uns gefiel.

Eine Vorhaltung, die wir trotz des fehlenden Apostrophs ge-
trost als »zum Lied, das uns gefiele« lesen dürfen, also als »Lied,
das uns gefallen könnte«.

Dabei ist Rilke keineswegs unempfänglich für die eigenartige
Kraft des weder gebauten noch gestuften, sondern schlicht
eintönigen Kukuk-Schreis. Der wagrechte, plane, um nicht zu
sagen platte Schrei des Kukuks durchstreicht nicht nur die anderen, vertikal in die Luft geschmetterten Vogelstimmen, sondern auch den Dichter derart bedrängend, daß ihn nach vergeb-
lichem Warten und Hoffen der kalte Hauch des Vergehens
streift, ja durchstreift:

> Wir warten erst und hoffen ... Seltsam quer
> durchstreift uns dieser Schrei:
> als wär in diesem Schon ein Nimmermehr,
> ein frühestes Vorbei –

»Seltsam« nennt Rilke den Kukuk-Schrei. »Merkwürdig«
nannte schon Goethe den Schreier. Am Montag, dem 8. Oktober 1827 notiert sein getreuer Eckermann die folgenden Worte:
»Alles was ich über den Kuckuck gehört habe, gibt mir für diesen merkwürdigen Vogel ein großes Interesse. Er ist eine höchst
problematische Natur, ein offenbares Geheimnis; das aber
nichtsdestoweniger schwer zu lösen, weil es offenbar ist.«
Prophetische Worte – doch konnte Goethe überhaupt ahnen,
gar wissen, wie lange die Lösung des offenbaren Geheimnisses
auf sich warten lassen würde?
Kein Dichter, ein Wissenschaftler öffnete mir die Augen für die
ganze Abgründigkeit der problematischen Kuckucksnatur. Daß
der seine Eier in fremde Nester lege, war schon dem Kind erzählt worden; daß der frischgeschlüpfte Jungkuckuck die Wirts-
eier und Stiefgeschwister stante pede aus dem Nest werfe, hatte
der Heranwachsende mit schauderndem Widerwillen gehört;

doch erst der Erwachsene erfuhr vom Schulfreund und Mitabiturienten, dem Literatur-, Kuckucks- und Kuckucksliteratur-
Kenner Helmut Henne, wen der unverhältnismäßig große
Kuckuck gern auf- und heimsuchte: Die Nester ausgesprochen
kleiner Vögel wie Bachstelze, Baumpieper und Rotkehlchen –
seine bevorzugten Wirte jedoch seien Sumpfrohrsänger und
Teichrohrsänger.

Aber das bedeute ja, daß der eintönigste Schreier der heimischen Vogelwelt ausgerechnet den phantasievollsten und talentiertesten Sänger aus dem Nest werfe, um sich an seiner Stelle
durchfüttern zu lassen, rief ich aus. Ob Mutter Natur uns damit
eine nach Fabelart im Tierschicksal verkleidete Lehre erteilen
wolle?

Wen ich mit »uns« meine, wollte der Freund wissen.

Nun – uns Literaturfreunden, gab ich zurück, vor allem aber
uns Dichtern. Auch das Nest der Literatur biete ja nicht Platz
für alle, auch in diesem Lebensraum tobe der Überlebenskampf
um Atzung und Beachtung. Sei es da nicht hochbedeutsam, daß
ausgerechnet derjenige, der so täuschend in anderen Stimmen
zu singen vermöge, auf die plumpe Täuschung ausgerechnet dessen hereinfalle, der gesanglich zu keiner Imitation fähig
sei?

Mutter Natur ist keine Schwarzweißmalerin, versetzte der
Freund. Daher warne er vor der platten Konfrontation hie
Spötter, hie Kuckuck. Schließlich seien bei etwa 90 von 130 in
Deutschland heimischen Singvogelarten Kuckockseier gefunden worden – der Gauch habe es also keineswegs nur auf die
Nester der talentiertesten Sänger abgesehen.

Der Gauch? rief ich aus.

So wurde der Vogel einst in Deutschland genannt, entgegnete
der Freund.

Bedeutet das Wort nicht auch »Betrüger«, fragte ich, mich des
Fratzensteins an der Berger Oberpforte erinnernd und seiner

rüden Aufforderung Zigeuner, fahrendes Volk, Gaukler und andere Künstler betreffend: »Far du Gauch!«

»Das Wort hat laut Hermann Pauls ›Deutschem Wörterbuch‹«, setzte der Freund an –

»Bei dessen Neuausgabe du ja maßgeblich beteiligt warst«, warf ich ein

»– ursprünglich Kuckuck bedeutet, und das ist eine lautmalerische Bildung«, fuhr der Freund unbeirrt fort, »um erst in der Folgezeit auch auf menschliche Übeltäter, auf ›Narr‹ und ›Schelm‹ übertragen zu werden. Es kommen auch Vermittlungsformen wie ›Guckgauch‹ vor. Außerdem wird Kuckuck in vielen Wendungen synonym zu Teufel gebraucht: Scher dich zum Kuckuck, hol mich der Kuckuck, in drei Kuckucksnamen – aber ob dieser Doppelsinn jenen, die solche Redewendungen heutzutage benutzen, noch bewußt ist? Weiß der Kuckuck … Fest steht lediglich, daß der Vogel Kuckuck ein umwittertes Tier ist, dessen Spektrum vom Gottseibeiuns bis zum Schwindler schillert. Aber apropos ›Schwindler‹, setzte er nachdenklich hinzu: Seien das nicht auch die Spötter? In fremden Zungen zu singen – bedeute nicht auch das Täuschung?

Es sei ganz und gar unstatthaft, die Verhaltensweisen von Spötter und Kuckuck in den einen mit »Täuschung« beschrifteten Topf zu werfen, rief ich aus, erfüllt von einer Empörung, deren Intensität mich selber überraschte. Schließlich diene der Gesang der Talentierten weitgehend der Unterhaltung anderer, der des Kuckucks aber ausschließlich dem eigenen Unterhalt. Wenn denn den Sängern überhaupt ein Vorwurf zu machen sei, dann der, daß sie, anstatt ihrer Sangeslust zu frönen, etwas besser auf Nest und Brut achten sollten, um beide vor den Übergriffen des monotonen Übeltäters zu schützen. Aber, so schloß ich mit erhobener Stimme, sei es nicht seit jeher das Los des echten Dichters gewesen, über dem Singen das eigene Fortkommen und das der ihm Anvertrauten aus den Augen zu verlieren? Indes diejeni-

gen »Dichter«, die weniger zu sagen und schon gar nichts zu singen hätten, um so mehr Zeit darauf verwenden könnten, an die
Fleischtöpfe zu gelangen, an Stipendien, Preise und Posten?
Ob er fehl in der Annahme gehe, daß ich dabei sei, vorwiegend,
wenn nicht ausschließlich pro domo zu reden, fragte der Freund
mit einem Lächeln, darin sich Spottlust und Amüsiertheit die
Waage hielten. Könnte es sich nicht auch so verhalten, daß die
Kuckucks die wahren Originalgenies in Natur und Literatur
seien, denen daher auch aller bergende Platz und alles verfüg-
bare Futter zuständen? Die Botschaft der Kuckucks sei simpel,
zugegeben. Jedes Kind könne sie nachmachen – aber doch nur
deswegen, weil der Kuckuck sie zuerst einmal vorgemacht habe.
Dahingegen sei es ebenso unmöglich wie unsinnig, einen Spötter nachzuahmen. Warum jemanden imitieren, der seinerseits
ein Imitator sei? »Nein, nein, auf meinen Kuckuck lasse ich nun
mal nichts kommen.«
Und mit diesen Worten empfahl sich lachend der Freund und
Kuckuckskenner, noch bevor ich ihm die Frage stellen konnte,
wie dieser große »Gastvogel« es eigentlich schaffe, den kleinen
Wirtsvögeln jene überlebensnotwendigen Futtermengen abzu-
luchsen, Portionen, die nach menschlichem Ermessen doch jene
weit übertreffen müßten, welche ein, beipielsweise, Teichrohrsänger zum Groß- und Starkwerden braucht.
»Der grellrote Sperrachen stellt einen überoptimalen Fütterungsauslöser dar«, las ich wenig später in ›Herders Lexikon
der Biologie‹, ebenso erfreut über die Worte »Sperrachen« und
»Fütterungsauslöser« wie verwirrt dadurch, daß selbst ein Su-
perlativ wie »optimal« steigerungsfähig war. Doch mehr noch
fesselten die Folgesätze mein Interesse: »Das Gewicht steigt von
anfangs 3 g auf ca 100 g an, bis der Jungkuckuck nach 21 bis 23
Tagen das Nest verläßt. Auch danach bettelt er noch sehr auffäl-
lig und wird dann nicht nur von den Stiefeltern, sondern auch
von anderen Vögeln gefüttert.«

Genau wie im richtigen Leben, dachte ich grimmig. Sie lassen sich durchfüttern, diese Gauche, ganz gleich von wem –: Ob Arm, ob Reich / her mit dem Zeug. / Ob Reich, ob Arm / rein in den Darm! Warum denn sollte der, welcher mit einem »überoptimalen Fütterungsauslöser« begabt ist, noch weitere Talente an den Tag legen? Weshalb einer Mitwelt, die ohnehin in Botschaften ertrinkt, mehr zumuten als lediglich eine bzw. deren tautologische Verdoppelung? »Eine Rose ist eine Rose ist eine Rose« – hatte sich Gertrud Steins monotoner Ruf nicht ungleich eindrücklicher in die Hirne eingenistet als jene kryptische Arabeske, welche der in vielen Stimmen bewanderte Rainer Maria Rilke erdacht und zu seinem Grabspruch erkoren hatte: »Rose, oh reiner Widerspruch, Lust, Niemandes Schlaf zu sein unter soviel, Lidern.«

Aber, kam ich ins Sinnen, hatte Rilke wirklich von »Lidern« gesprochen? Nicht eher von »Liedern«? Um so schlimmer für Rilke, dachte ich weiter. Was hat denn solche Zwei- bzw. Vieldeutigkeit in unserer zunehmend schlichteren Kuckuckswelt verloren? Was vermochte das Lied des Spötters gegen den Chor so eindeutiger Botschaften wie »Yeah, yeah, yeah«, »Ich bin der Größte« oder »Persil bleibt Persil« – ganz zu schweigen vom immergleichen Ruf unserer Hoch- und Großliteraten, beispielsweise dem von – aber halt! Keine Schriftstellerschelte soll folgen, sondern ein Aha-Erlebnis.

»Kuckuck als Stimmenimitator« – ich prallte geradezu zurück, als ich am 7. Oktober 1998 nichts Böses ahnend die Seite zwei der ›Natur und Wissenschaft‹ betitelten Beilage der »Frankfurter Allgemeinen Zeitung« aufschlug –: Was ging denn *hier* vor?!

Vorerst das bereits Vertraute: »Gerade aus dem Ei geschlüpft, entledigt sich ein junger Kuckuck sofort aller Konkurrenten. Er wirft den Nachwuchs der Pflegeltern aus dem Nest. So erreicht er, daß deren Fürsorge ihm ganz alleine zugute kommt.«

Doch dann folgte eine Frage, die auch in mir weitergeschwellt hatte, obwohl doch der »überoptimale Fütterungsauslöser« sie bereits beantwortet zu haben schien: »Wie aber gelingt es ihm, sich eine ausreichende Verpflegung zu sichern? Schließlich hat er einen viel größeren Appetit als ein junger Gartenrotschwanz oder ein Zaunkönig.«

Ja, wie macht er das? ›Natur und Wissenschaft‹ wartet mit einer überraschenden Antwort auf: »Wie britische Zoologen der University of Cambridge herausfanden, ahmt der junge Kuckuck das vielstimmige Geschrei einer hungrigen Geschwisterschar nach. So kann er sich eine Futterration ergattern, die normalerweise mehreren Nestlingen zugedacht ist.«

Die Wissenschaftler, so der Bericht, hätten ein Sumpfgebiet bei Cambridge beobachtet: »Dort haben einige hundert Teichrohrsänger ihr Nest gebaut. Viele davon brüten einen Kuckuck aus.« Sie seien leicht zu täuschen, diese Wirtsvögel: »Wer im Nest sitzt und den Schnabel aufsperrt, wird bereitwillig gefüttert. Das haben einige zusätzliche Experimente bestätigt. Als die eigene Brut etwa zeitweilig gegen eine junge Amsel oder eine junge Singdrossel vertauscht wurde, umsorgten die Teichrohrsänger ohne Zögern auch dieses fremdartige Pflegekind.«

Allerdings nicht ausreichend: »Wenn Teichrohrsänger eine junge Amsel oder Drossel betreuen, schleppen sie kaum mehr Nahrung herbei als für einen Jungvogel der eigenen Art – selbst wenn der Pflegling viermal so schwer ist.«

Und was ist mit dem noch erheblich schwereren Kuckuck?

»Ein junger Kuckuck überzeugt seine Pflegeeltern davon, daß ihm eine größere Ration zusteht, indem er seine Laute verändert. Statt einzelne klägliche Piepslaute von sich zu geben, läßt er ein hektisches Gezwitscher ertönen (›Proceedings of the Royal Society B‹, Bd. 265, S. 673). Diese Bettelrufe klingen so ähnlich wie ein ganzes Nest voller Teichrohrsänger.«

Auch der Kuckuck beginnt also als Spötter! Sogar als einer der abgefeimtesten Art: Mag der herkömmliche Stimmenimitator fünfzig und mehr aufgeschnappte Motive aneinanderreihen, so bringt es der Jungkuckuck fertig, die vier von ihm entsorgten Nahrungskonkurrenten gleichzeitig zu Gehör zu bringen: »Die Teichrohrsänger fallen auf dies Geschrei stets herein. Selbst mit kleinen Lautsprechern, die in der Nähe der Nester angebracht waren, ließen sich die Vögel übertölpeln. Auf diese Weise kamen auch die Amseln und Drosseln, die in den Nestern von Teichrohrsängern einquartiert waren, in den Genuß einer doppelten Futterration. Das Gezwitscher spornt die Pflegeeltern in jedem Fall zu größerem Arbeitseifer an.«

»Die goldne Kette gib mir nicht« – mit diesen Worten hatte der Dichter Goethe in seinem Gedicht »Der Sänger« seinen Helden und greisen Barden jedweden materiellen Gewinn ausschlagen lassen. Er tut das mit der Begründung:

> Ich singe, wie der Vogel singt,
> Der in den Zweigen wohnt;
> Das Lied, das aus der Kehle dringt,
> Ist Lohn, der reichlich lohnet.

Hier irrt Goethe. Vögel sind nun mal keine dichtenden Geheimräte mit geregeltem Einkommen, sondern freie Künstler, die ohne Lied auch ohne Frauen, Nachwuchs und Fressen blieben. Das ist das offenbare Geheimnis dieser Gäuche, Schwindler allesamt, und am deutlichsten offenbart es sich im Gutzgauch, welcher dank seiner Fähigkeit zum vierstimmigen Lied in ihm von Natur aus fremden Zungen – neben teichrohrsängerisch muß er im Bedarfsfall ja auch bachstelzisch, baumpieperisch oder zaunkönigisch parlieren können – nicht nur größere Futtermengen erschwindelt, sondern auch längere Fütterungszeiten: »Während ein junger Teichrohrsänger schon im Alter von 23 Tagen für seinen Lebensunterhalt sorgt, muß ein junger Kuckuck bis zu 33 Tagen versorgt werden.«

So sorgt der Dauerspötter dafür, daß das waagrecht ins Jahr getriebene Schrein des Spötters auf Zeit nicht so rasch verstummen wird, und daß allüberall Abergläubische beim ersten Kuckucksschrei ostentativ auf ihre Geldbörse klopfen: So traktiert sollte die sich – zumindest dieses eine Jahr lang – nicht zur Gänze entleeren.

Ich aber möchte zum guten Schluß anderen Gewinn bilanzieren: Ganz ohne Spotten läuft die Chose nicht. Nicht in der Natur und nicht in der Literatur, wo ja auch keiner von Anfang an so singt, wie ihm der Schnabel gewachsen ist, sondern so lange Aufgeschnapptes nachschnäbelt, bis sein so geübter Schnabel dazu in der Lage ist, für eigene Erfahrungen auch eigene Worte zu finden. Was nicht heißt, daß die durchweg als vielstimmige Spötter beginnenden Wortemacher auch allesamt als monotone Kuckucks enden müssen. Schon gar nicht die Vertreter jener literarischen Gattung, die sich jedwedem Gesang, zumal dem der Vögel, seit jeher verwandt gefühlt haben, die Dichter. Ihnen sind die folgenden Zeilen zugedacht; sollte jemand zudem die zusätzliche Widmung »Pro domo« heraushören, sei ihm das unbenommen:

Gesang vom Gedicht

Wer nicht mit tausend Zungen begabt,
Fangs Dichten gar nicht erst an.
Es macht den wahren Dichter aus,
Daß er so und auch anders kann.

Wer nicht von tausend Messern durchbohrt,
Halte als Dichter den Mund.
Wems Blut nicht aus tausend Wunden schießt,
Fehlt zum Dichten die Kraft und der Grund.

Wer nicht von tausend Furien gehetzt,
Bringt kein Gedicht aufs Papier.
Das Gedicht ist schnell wie der Igel mit
Seinem höhnischen »Ick bün all hier.«

Wer nicht in tausend Feuern geglüht,
Ist fürs Gedicht schlicht zu kalt.
Wer sich darauf keinen Reim machen kann,
Der wird als Dichter nicht alt.

Wer nicht auf tausend Hochzeiten tanzt,
Wird vom Gedicht nicht erwählt.
Da es nur jenen zu binden gewillt,
Der zu den Flüchtigen zählt.

Wer nicht in tausend Sätteln gerecht,
Wage sich´nicht aufs Gedicht.
Jenes Ross, das unter dem Schweren entschwebt,
Und unter dem Leichten zerbricht.

Wer nicht von tausend Frauen geliebt –
Wer solchen Satz komplettiert,
Weiß, wie man Scheiße zu Bonbons macht:
Er sei zum Dichter gekürt!

Nachweise

Texte von Robert Gernhardt

Fahrt in den Süden, aus: Ich, Ich, Ich. In: Das Buch der Bücher © 1997 by Haffmans Verlag AG Zürich

Ein Florestan-Fragment, aus: Kippfigur. In: Das Buch der Bücher © 1997 by Haffmans Verlag AG Zürich

Die Vita des Norberto Gamsbardi aus Montaio, aus: Ich, Ich, Ich. In: Das Buch der Bücher © 1997 by Haffmans Verlag AG Zürich

Jakobinischer Wandersmann, aus: Weiche Ziele. In: Gedichte 1954–1997 © 1999 by Haffmans Verlag AG Zürich

Er folgt einer Einladung, aus: Ich, Ich, Ich. In: Das Buch der Bücher © 1997 by Haffmans Verlag AG Zürich

Bodenseereiter, aus: Lichte Gedichte. In: Gedichte 1954–1997 © 1999 by Haffmans Verlag AG Zürich

Nachdenken über Heinrich H., aus: Klappaltar. © 1998 by Haffmans Verlag AG Zürich

Wenn Dichter einen Ausflug machen, aus: Lichte Gedichte. In: Gedichte 1954–1997 © 1999 by Haffmans Verlag AG Zürich

Die Geburt, aus: Lichte Gedichte. In: Gedichte 1954–1997 © 1999 by Haffmans Verlag AG Zürich

Texte anderer Autoren

Alle anderen Rechte (auch die der Abbildungen)
liegen beim Autor.

Inhalt

I Alte Zungen

Robert Gernhardt

Lichte Gedichte

Band 14108

›Lichte Gedichte‹ widmet sich in neun Abteilungen den ewigen
Themen aller Dichtung ebenso wie sehr zeitgenössischen, ja
privaten Sujets. Von der Liebe, der Person, der Natur und der
Kunst ist anfangs die Rede, mit Tod und Erkrankung schließt
die Sammlung, wobei ›Herz in Not‹, das »Tagebuch eines Ein-
griffs in einhundert Eintragungen«, wider Erwarten für ein gutes Ende und dafür sorgt, daß das Versprechen »licht« nicht zu
einem schlichten »lich« verkümmert. Der für Gernhardt typi-
sche Spagat zwischen ungenierter Komik und dezidierter Ernst-
haftigkeit hat in seinen Gedichten eine neue Qualität erreicht:
Der dunkle Grund der Erdenschwere kommt ständig zur Sprache und verwandelt sich ebenso beständig vor unser aller Augen
in Helligkeit und Schnelligkeit.

Fischer Taschenbuch Verlag

fi 240 / 10

Robert Gernhardt

Der letzte Zeichner
Aufsätze zu Kunst und Karikatur
Band 14987

Die Blusen des Böhmen
Geschichten, Bilder, Geschichten in Bildern
und Bilder aus der Geschichte
Band 13228

Es gibt kein richtiges Leben im valschen
Humoresken aus unseren Kreisen
Band 12984

Glück, Glanz, Ruhm
Erzählung, Betrachtung, Bericht
Band 13399

In Zungen reden
Stimmenimitationen von Gott bis Jandl
Band 14759

Körper in Cafés
Gedichte
Band 13398

Lichte Gedichte
Band 14108

Fischer Taschenbuch Verlag

fi 555 034 / 1 / a

Robert Gernhardt

Über alles
Ein Lese- und Bilderbuch
Band 12985

Wege zum Ruhm
13 Hilfestellungen für junge Künstler und 1 Warnung
Band 13400

Weiche Ziele
Gedichte 1984-1994
Band 12986

Wörtersee
Gedichte
Band 13226

Robert Gernhardt / F.W. Bernstein
Besternte Ernte
Gedichte
Band 13229

Robert Gernhardt / F.W. Bernstein
Hört, hört!
Das WimS-Vorlesebuch
Band 13227

Robert Gernhardt / F.W. Bernstein / F.K. Waechter
Die Wahrheit über Arnold Hau
Band 13230

Fischer Taschenbuch Verlag

fi 555 034 / 1 / b

Josef Haslinger
Das Vaterspiel
Roman
576 Seiten. Geb.

Rupert Kramer, genannt Ratz, ist der Sohn eines österreichischen Ministers. Er ist 35 Jahre alt und das, was man einen Versager nennt. Nächtelang sitzt Ratz vor dem Computer, um ein abstruses Vatervernichtungsspiel zu entwickeln. Er hasst seinen korrupten sozialdemokratischen Vater, der seine Familie wegen einer jungen Frau verlassen hat.

Im November 1999 erhält Ratz einen geheimnisvollen Anruf von Mimi, seiner Jugendliebe. Ratz fliegt nach New York, ohne zu wissen, was ihn erwartet. Bald ist klar: Er soll helfen, das Versteck von Mimis Großonkel auszubauen, einem alten Nazi, der an der Hinrichtung litauischer Juden beteiligt war. Seit 32 Jahren verbirgt er sich im Keller eines Hauses auf Long Island. Dort kommt es zu einer unheimlichen Begegnung mit dem verwahrlosten Mann.

Bestechend genau beleuchtet Haslinger die Verwerfungen des vergangenen Jahrhunderts und macht eindringlich spürbar, dass man der Geschichte nicht entkommen kann.

S. Fischer

fi 200 / 1

Michael Köhlmeier

Sunrise

Erzählung

Band 12920

Los Angeles, morgens um sieben Uhr. Leo Pomerantz, nicht mehr ganz jung und vom Schnaps gezeichnet, verläßt seinen Schlafplatz hinter drei mannshohen Ölfässern, um im »Fame Café« zu frühstücken. Als er den Hollywood-Boulevard überqueren will, erblickt er auf der Seite gegenüber einen dünnen Mann. Der Gegenstand, den dieser in der Hand hält, reflektiert das Licht der aufgehenden Sonne, Leo ist geblendet. Gerade kann er noch erkennen, daß der Dünne den Arm hebt, um etwas zu werfen – eine Sichel. Sie verfehlt jedoch ihr Ziel und trifft nicht Leo, sondern die kaum zwanzigjährige Stripperin Rita Luna, die auf dem Weg nach Hause war. Die junge Frau will diese Ungerechtigkeit nicht hinnehmen und bittet den Tod, der an diesem Morgen offensichtlich nicht in Form gewesen ist, um eine Chance. Aber Leo Pomerantz hält seinerseits am Leben fest, so daß der Dünne entscheiden muß. Ein Wettbewerb findet statt, in dem Rita Luna und Leo Pomerantz um ihr Leben reden.

Fischer Taschenbuch Verlag

Reiner Kunze

auf eigene hoffnung
gedichte. 112 Seiten. Leinen.
S. Fischer und Band 5230

eines jeden einziges leben
gedichte. 126 Seiten. Leinen.
S. Fischer und Band 12516

ein tag auf dieser erde
gedichte. 116 Seiten. Leinen.
S. Fischer und Band 14933

gespräch mit der amsel
frühe gedichte.
216 Seiten. Leinen.
S. Fischer

sensible wege
und frühe gedichte.
Band 13271

zimmerlautstärke
gedichte.
Band 1934

gedichte
382 Seiten. Leinen.
S. Fischer

Am Sonnenhang
Tagebuch eines Jahres
Band 12918

Das weiße Gedicht
Essays. 190 Seiten. Leinen.
S. Fischer

Steine und Lieder
Namibische Notizen
und Fotos
112 Seiten. Vierfarbig. Leinen.
S. Fischer

Wo Freiheit ist ...
Gespräche und Interviews
1977 - 1993
240 Seiten. Leinen.
S. Fischer

Der Löwe Leopold
Fast ein Märchen,
fast Geschichten.
Band 80161

**Wohin der Schlaf sich
schlafen legt**
Gedichte für Kinder.
Mit neuen Bildern
von Karel Franta.
Band 80003

Fischer Taschenbuch Verlag

fi 555 008 / 1

Luigi Malerba

Pataffio

Roman

Aus dem Italienischen von Moshe Kahn

Band 12280

Pataffio ist ein derber und deftiger literarischer Scherz, ein groteskes Märchen aus einem fiktiven Mittelalter. Parliert wird in drei Zungen: im steifen Italienisch des Burgherrn (von Moshe Kahn in ein barockes Deutsch übertragen), im Küchenlatein des Pfaffen und im saftigen Dialekt der Bauern. Es treten auf: ein frisch verehelichter Graffzog (ein Mittelding zwischen Graf und Herzog, also keins von beidem), sein ihm angetrautes und ewig unbefriedigtes Weib, Varginia geheißen, und »allergeliebteste Dochter des Königs von Montecacco«, die aufmüpfigen Untertanen des Graffzogs sowie ein Tross heruntergekommener Soldaten und ein Pfaffe. Malerba erzählt vom Hunger und vom Fressen und davon, wie die Herrschaft sich teils selbst verzehrt, teils hinrichtet, teils selbst mordet, so daß ein ausbeuterisches System zerbricht, bevor es überhaupt errichtet werden konnte. Ein sympathisch anarchisches Ende, das festschreibt, »dasz von Itzt an und für alle Zukunft keyner nit das Sagen hat«.

Fischer Taschenbuch Verlag

fi 1230 / 5

Robert McLiam Wilson
Eureka Street, Belfast

Roman

Aus dem Englischen von Christa Schuenke
Band 14416

Eureka Street, Belfast
ist ein verrückter
und witziger
Roman über einige
Typen der
Unterschicht in
Belfast und deren
Versuche, aus
einer chaotischen
Welt das Beste
zu machen.
Ein hinreißender
Roman über irische
Freaks und das
Lebensgefühl einer
ganzen Generation –
und eine Liebeserklärung
an Belfast.

Fischer Taschenbuch Verlag

fi 1408 / 2

Hanna Pfäfflin / Sylvia Spatz (Hg.)
Love Love Love
Liebe auf den ersten Blick
Internet-Geschichten
Band 14971

Glauben Sie an die große Liebe? Sind Sie ihr schon einmal
begegnet – und was dann? Herzsausen, Magenflimmern,
weiche Knie und schlaflose Nächte – oder ganz cool geblieben? Für die große Liebe, das steht fest, ist niemand zu alt
oder zu jung, die Liebe kann jedem immer und überall be-
gegnen. Fünfundzwanzig Autorinnen und Autoren erzählen in »Love Love Love« von dieser wundersamen
Begegnung. Das Buch ist das Ergebnis eines im Internet
ausgeschriebenen Literaturwettbewerbs an dem sich weit
über tausend Menschen aus aller Welt beteiligten. Von all
den eingesandten Geschichten lesen Sie die fünfundzwanzig, die uns am besten gefallen haben.

Fischer Taschenbuch Verlag

fi 14971 / 1

Charles Simic

Die Fliege in der Suppe

Aus dem Amerikanischen von Rudolf von Bitter

Band 14173

Charles Simic, der große amerikanische Lyriker, erinnert sich an seine Kindheit und Jugend in Belgrad, Paris und Amerika. Als er drei Jahre alt ist, bombardieren die Deutschen seine Heimatstadt Belgrad. »Alle Kinder spielten Krieg. Wie liebten wir den Klang der Maschinengewehre! Diese Art zu spielen machte die Erwachsenen verrückt.« Und die sind eigentlich schon verrückt genug: der Großvater, der in seinem Haß auf die Kirche den Priester verprügelt; der Onkel, der den Deutschen einen Armeelaster klaut, um mit seiner Freundin eine Spritztour zu machen, was zur Verhaftung des Vaters durch die Gestapo führt. Überhaupt der Vater: er ist die geliebte Hauptfigur in diesen Erinnerungen, ein Geschichtenerzähler und Schlawiner. Im Juni 1953 erhält die Mutter für sich und die Kinder die Erlaubnis zur Ausreise, 1954, nach einem Jahr in Paris, die Visa für Amerika, wo Simics Karriere als amerikanischer Dichter beginnt.

Fischer Taschenbuch Verlag

fi 1085 / 5